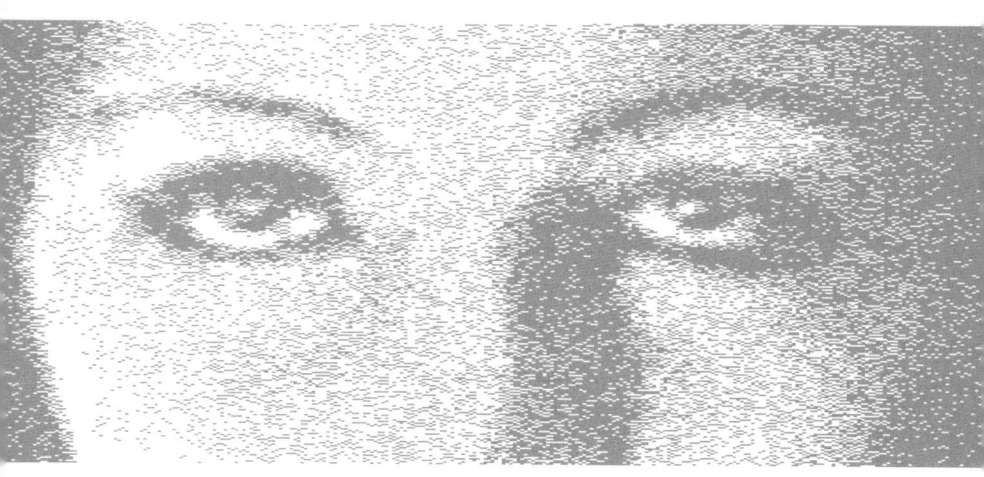

A Jovem Pagu

• •
Maria José Silveira

JOVENS SEM FRONTEIRAS

© *Copyright*, 2007, Maria José Silveira
2010 - Em conformidade com a nova ortografia

Por autorização da autora, parte dos direitos autorais desta publicação destina-se aos herdeiros de Patrícia Galvão.

Todos os direitos reservados.
Editora Nova Alexandria
Av. Dom Pedro I, 840
01552-000 - São Paulo - SP
Fone/fax: (0..11) 2215-6252
Site: www.novaalexandria.com.br
e-mail: novaalexandria@novaalexandria.com.br

Revisão: Flavia Okumura Bortolon
 Janaina Gomes
Revisão da 2ª edição: Juliana Messias

Capa: Antonio Kehl

Editoração Eletrônica: Veridiana Magalhães

ISBN 978-85-7492-257-7

Dados para Catalogação

Silveira, Maria José

A jovem Pagu, Coleção Jovens sem fronteiras,
Editora Nova Alexandria, São Paulo, 2007
 144 pág.

 1. Biografia: Pagu   2. Modernismo
3. Literatura brasileira

CDD 927

Procurar, errar – ganhar experiência errando é a grande aventura humana – para no fim, uma vez, um dia, ou nunca, acertar, eis o que é mocidade! Pt

Para Maria Lucia e Maria Luíza.

Nota introdutória
Todas as frases entre aspas são de Pagu ou sobre Pagu e foram tiradas das obras consultadas, listadas no final deste livro.

Créditos das fotos
Páginas 1, 5, 9, 33, 39, 44, 55, 71, 75, 83, 104, 105, 137 e 139: fotografias de Pagu.
Páginas 13, 14, 15, 19, 21, 22, 27, 41, 53, 58, 59, 65, 67, 68, 84, 93, 99, 108, 113, 115, 118, 122, 127, 131, 132: Arquivo Edgard Leuenroth (AEL) da Unicamp.

Agradecimentos
Sou grata a Geraldo Galvão Ferraz, pela gentileza de responder a um pequeno questionário sobre a infância de sua mãe. A Rosamaria Fragoso Romeu, filha de Sidéria, por ter compartilhado comigo suas lembranças da tia e da mãe. A Vladimir Sacheta pelo material bibliográfico e leitura do original. A Alípio Freire e Malu Ferreira Alves pela leitura e comentários. A Felipe Lindoso, pela presença.

*fragmentos de uma vida
extraordinária.....
chegam até nós como pedaços de um
quebra-cabeças*
                    Augusto de Campos

Como defini-la? A tentação é escrever que, no seu caso, vida e obra foram inseparáveis. Evitemos, entretanto, o clichê. O que interessa em Pagu (exemplo de «honestidade ideológica» e «dignidade pessoal», segundo Octávio de Faria) não é esta ou aquela obra particular. Muito menos um conjunto de obra. Nem tudo o que ela escreveu tem importância, embora coisas como o Álbum, a crítica ao Congresso de Poesia e Parque Industrial sejam trabalhos de real interesse. Pagu vale e conta enquanto trajetória – vida-obra, obravida, vida – de uma ideia-sentimento, como disse Drummond. Esta peripécia política, poética e existencial é o que faz dela uma figura fascinante.
                    Antonio Risério

Sumário

Quem foi Pagu?......9
"Nossa infância querida"......13
Adolescência de inquietações......33
Os anos do conservatório......55
O ano de Pagu: 1928......67
"O anúncio luminoso da Antropofagia: 1929"......85
Um interlúdio amoroso: 1930......99
A vida depois dos 20......105
Como despedida......139

Quem foi Pagu?

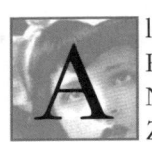Alguém já disse:
Pagu não foi uma, foi várias.
Nasceu Patrícia Rehder Galvão e na infância foi Zazá, apelido do qual não gostava muito. Na adolescência, foi Pat e Patsy, como assinou o primeiro artigo que publicou, aos 15 anos, no *Braz Jornal*.

Foi Pagu, quando Raul Bopp a batizou assim e fez para ela um poema, e enquanto participou do Movimento Antropofágico, com Oswald de Andrade – para quem também foi B.B.

Foi K.B. Luda, Irmã Paula, G.Lea, quando inventava tiras em quadrinhos no jornal que fundou e editou com Oswald de Andrade, *O Homem do Povo*, onde era também a *Mulher do Povo*, Brequinha, Peste e Cobra.

Foi Mara Lobo, quando assinou seu livro, *Parque Industrial*, o primeiro romance proletário publicado no Brasil. E continuou Mara Lobo quando escreveu, anos depois, artigos sobre literatura no suplemento de *A Tribuna*.

Foi Patrícia Galvão quando presa duas vezes e torturada pela polícia do Estado Novo. E Leonnie, quando militou em Paris, no Partido Comunista Francês, logo presa e deportada.

Foi P.T, P.G ou apenas Pt, ao escrever crônicas para o *Diário de São Paulo*, *Tribuna de Santos* e *Jornal de São Paulo*. E Ariel, quando publicou crônicas diárias no jornal *A Noite*, dirigido por Menotti del Picchia.

Foi King Shelter quando escreveu *pulp fiction*, contos policiais para a revista *Detetive*, dirigida por Nelson Rodrigues. E Solange Sohl, quando assinou seus poemas.

Foi Patrícia quando assinou duas séries de crônicas para o *Jornal Fanfulla*, como crítica de arte e literatura. E Gim, quando escreveu uma coluna de televisão.

Voltou a ser Patrícia Galvão quando se mudou para Santos e começou a fazer teatro amador. Voltou a ser P.G. quando passou a assinar crônicas sobre o teatro.

Quando morreu, muito jovem, aos 52 anos, deixou todos esses nomes, pseudônimos e espaços vazios. Em cada uma dessas frentes em que militou – na vida, na arte e na política – foi revolucionária e idealista.

Hoje é considerada quase um mito libertário.

E por que uma pessoa vira um mito? – vocês talvez perguntem.

A resposta é diferente para cada caso.

Mas se há uma qualidade comum aos mitos, de hoje e de sempre, é a coragem de agir.

E isso foi o que Pagu teve de sobra.

"Nossa infância querida"

O dia em que esta história começa

anhã do dia 9 de junho de 1910, em São João da Boa Vista, Estado de São Paulo. Nasce uma menina de olhos verdes, aos berros. Não para quieta, uma energia de alta voltagem parece correr por suas veias.

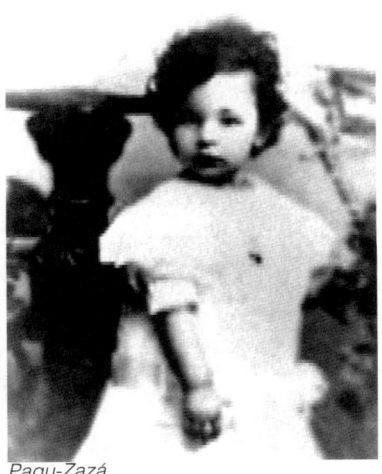
Pagu-Zazá

Nome completo: Patrícia Rehder Galvão.

Nome do pai: Thiers Galvão de França, advogado.

Nome da mãe: Adélia Rehder Galvão, dona de casa, de família alemã que veio para o Brasil na grande leva de imigrantes do século XIX, trabalhar nas fazendas de café.

Tem uma irmã e um irmão mais velhos: Conceição, que nasceu em 1903, e Homero, em 1905.

Três anos depois, já em São Paulo, nasce Sidéria, a caçula da família.

¹A industrialização na cidade

No começo do século XX, mais de 90% dos brasileiros ainda viviam na roça, mas na cidade de São Paulo, sítios e chácaras provincianas desapareceram, e em seu lugar foram erguidos casarões requintados para as elites, que iam morar nas largas e novíssimas avenidas na parte alta da cidade. Já as bordas da São Paulo de então viam chegar fábricas e imigrantes, inchando bairros fabris que mal acabavam de nascer.

A nova fisionomia da cidade refletia a mudança em sua economia, onde, pouco a pouco, o domínio passou dos barões da agricultura para os condes da indústria, cujo maior representante foi o italiano Francesco Matarazzo.

Surgida timidamente no final do século XIX, a indústria brasileira ganhou impulso com a I Guerra Mundial (1914-1918), movida pelos braços dos imigrantes. Os operários, no entanto, eram submetidos a longas e insalubres jornadas de trabalho, e até crianças eram exploradas. Para melhorar suas condições de trabalho, os trabalhadores organizavam-se, reivindicavam melhores salários e condições de vida em sucessivas greves entre 1917 e 1920.

Coisas de mãe

Ao segurar pela primeira vez bem junto ao peito o bebê recém-nascido, a intuição de Adélia Rehder Galvão é claríssima: Que força tem essa criança! Que temperamento! Vai dar trabalho!

Começa a chamá-la de Zazá.

A São Paulo daquele tempo¹

Quando Zazá tem três anos, a família muda-se para a capital. Vão morar na rua da Liberdade. Depois, mudam-se para a rua São Paulo, também na Liberdade.

No começo do século XX, 70% da produção do café mundial saía do Brasil, e a principal parte vinha de São Paulo.

Levas de imigrantes chegavam ao Estado. Italianos, espanhóis, japoneses.

Mas quando nasce Zazá, a produção cafeeira está começando a dar lugar à industrialização da capital. É o início de um processo que vai durar longos anos, fazendo camponeses e imigrantes saírem do campo para a capital do Estado, procurando uma vaga nas fábricas.

É a modernização industrial e urbana do país começando.

Nas fábricas, porém, os trabalhadores encontram péssimas condições de trabalho: nem as horas, nem os salários são regulamentados. Nos bairros, as moradias são precárias.

Zazá vai crescendo.

A mãe de Kant e de Clovis

Sua primeira escola foi o Grupo Escolar da Liberdade, na Rua Galvão Bueno, e a professora se chamava Dona Anésia.

Dona Anésia tinha um filho a quem dera o nome de Kant,[2] em homenagem ao filósofo alemão.

E um outro chamado Clovis, em homenagem ao rei dos francos que, durante uma batalha em que seu exército estava prestes a ser aniquilado, prometeu ao deus cristão que se converteria caso as coisas mudassem de rumo. Imediatamente, isso aconteceu, seu exército venceu e ele se converteu.

Ao ser batizado na deslumbrante Catedral de Reims, ao lado da esposa e de três mil soldados, São Remígio – o bispo que o batizava – disse-lhe, "Curva a cabeça e ama o que queimastes e queima o que adorastes."

A partir daí, sua importância para o

[2]**Kant**
Filósofo alemão (1724-1804), um dos mais influentes pensadores modernos. Sua principal obra, Crítica da Razão Pura (1781), é um estudo sobre os limites do conhecimento e a forma pelo qual o homem compreende o mundo. Ultrapassa a oposição entre empiristas e racionalistas, defendendo que a construção do conhecimento é um processo que envolve tanto a experiência quanto conceitos metafísicos.

[3] **Visigodos, borguinhões**
Com a desintegração do Império Romano, no século V, seu território foi tomado por germanos, hunos e eslavos, povos muito diferentes entre si, mas que, por se oporem aos romanos e seus costumes, eram chamados genericamente de bárbaros.
Os germanos dividiam-se em diversos reinos (francos, visigodos, borguinhões, vândalos, ostrogodos, lombardos, anglos, saxões e vikings), que por conta de disputas e acordos, foram se reorganizando em novos reinos, originando as principais forças do período feudal, sementes das modenas nações europeias.

domínio da igreja católica foi enorme. Ele venceu os romanos, alemães, visigodos, borguinhões[3] e outros povos da sua época. Foi, portanto, um guerreiro e conquistador. Um herói que, a sua maneira, como Kant, com sua filosofia, mudou o mundo de sua época.

Certamente não foi à toa que Dona Anésia deu esses nomes aos filhos. Devia ter algumas coisas na cabeça.

A menina que viria a ser Pagu jamais se esqueceu dessa professora.

Moleca de batom

azá foi uma criança feliz: é com carinho que fala de sua infância, de como "pulava a cerca como decentes moleques arredios e ia em frente."

Não tinha medo de machucar "os joelhos nas farpas", nem "digeria a papa mastigada pelos que já viveram."

Nem tinha medo das chineladas e castigos da mãe de alma prussiana.

Brincava muito. Fazia estripulias. Roubava doce do tabuleiro dos vendedores de rua. Pulava o muro e fugia.

Adorava empinar papagaio. E passar batom – escondido da dona Adélia.

Pequena, se enfiava nas roupas de Conceição, a irmã mais velha e em seus sapatos de salto alto. Saía se equilibrando

em cima dos saltos pelas ruas: sente-se uma atriz de cinema, todo mundo olhando-a passar.

Gostava muito de gato, gata, gatinhos. Sinuosos, ronronantes.

E de lamber sorvetes.

Ama o mar. Sobretudo o mar de Santos, o único que conhece, por enquanto.

Tem vários namoradinhos e flertes.

Adora circos. E desenhar e escrever. Quer ser pintora e escritora.

Quer ser atriz.

Sente-se diferente. Às vezes sente que vive em um mundo estranho. Que não pertence àquele lugar.

Lê Tico-Tico – a primeira revista em quadrinhos para crianças.

Lê a revista Fon-Fon,[4] revista ilustrada semanal, de grande sucesso: publicava reportagens gerais, crônicas, poesias, desenhos e caricaturas. Foi na Fon-Fon

[4] **As revistinhas da época, os gibis**

No início do século XX, o mercado de revistas se diversificou rapidamente com o lento, mas constante, aumento da alfabetização nas cidades e com a profissionalização das publicações, que deixam de ser só instrumentos políticos ou literários, para se tornarem negócios. As publicações segmentaram-se, buscando públicos específicos. Ao lado das revistas de interesse geral, surgiram vários outros tipos de revistas, como técnicas, femininas e infantis. De todas, a mais bem sucedida foi a Tico-Tico, lançada em 1905. Inspirada em uma publicação francesa, foi a primeira revista de histórias em quadrinhos do país e reinou absoluta até a década de 1930, quando começou a sofrer a concorrência dos quadrinhos norte-americanos. Até o encerramento da revista, em 1962, a Tico-Tico teve 2097 edições.

> [5]**Di Cavalcanti**
> Pintor, desenhista e caricaturista fluminense (1897-1976), um dos idealizadores da Semana de Arte Moderna de 1922. Seus quadros e desenhos mostram elementos do povo e da cultura brasileira, em uma linguagem sintonizada com as vanguardas europeias. Tornou-se especialmente conhecido pelos seus retratos de mulatas.

que Di Cavalcanti,[5] por exemplo, publicou seu primeiro desenho. Quando adulta, Pagu depois vai escrever que a revista Fon-Fon nasceu três anos "antes de registrar-se o nascimento daquela linda criança que foi esta cronista."

E depois, bem mais tarde, lê Tarzan – gibi que seu filho Kiko lhe apresentava. E que a fez escrever, em uma crônica onde critica os escritores maçantes:

"Por que vocês não vão ler Tarzan, hein? Pelo menos principiariam sabendo que existe uma coisa chamada aventura, descoberta, audácia."

Bonecas, não

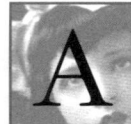quelas imitaçõezinhas sem vida, que ficavam paradas, passivas, olhando de olhos fixos, boquinhas imóveis, a pele dura de pegar, ah não! Zazá não tinha paciência com elas.

Preferia ir brincar no quintal ou nas ruas, com crianças de verdade.

Mas adorava um urso de pelúcia que uma tia lhe deu. Sentir sua mão passar naquela maciez toda era uma delícia. Brinquedos de pelúcia eram raros: de todos os meninos e meninas que conhecia, era a única que tinha um assim.

Sid, três anos mais nova, é confidente, companheira das brincadeiras e estripulias e, depois, muito mais tarde, da militância política. Embora menor e mais frágil, faz o que pode para acompanhar a vitalidade da irmã mais velha. Que, como quase toda irmã mais velha, é seu modelo. Sid segue a irmã por onde consegue.

Pagu e Sidéria - primeira comunhão

Zazá, claro, muitas vezes fica danada com esse rabo que tem atrás, essa amolação de ter a menor sempre querendo fazer o que ela faz.

Mas ai! de quem se metesse a besta com aquela sua irmãzinha mignon e frágil. Zazá – que sempre foi forte, corajosa e boa de briga – saía que nem gata selvagem em sua defesa.

Aos 10 anos, Zazá, e Sid, aos sete, fizeram juntas a Primeira Comunhão.

Uma sessão de fotos

azá era "moleca impossível", mas também vaidosa. Nada como ganhar um vestido novo, se aprontar, pentear os cabelos escuros, prendê-los com um laço bem grande e ir tirar uma foto no estúdio.

Quase todo ano, Dona Adélia levava as três filhas para uma sessão de foto. Naquela época, as câmeras fotográficas eram caras, e pouca gente tinha. Não era como hoje que tem máquina de todo tipo e de todo preço. Os instantâneos eram raros. Só se tirava fotos em momentos especiais. Importantes. As mais

especiais, como as de aniversário, eram feitas nos estúdios.

O estúdio onde Dona Adélia levava as filhas era cheio de coisas insólitas: a grande poltrona estofada que parecia um trono, uma linda *bergère*, cortinas pesadas de veludo que não cobriam uma janela e sim uma parede, dois ou três cenários diferentes de papelão, um genuflexório, flores, terço, missal, xales, molduras, e um cavalinho castanho de madeira com a crina dourada.

Parecia um teatro. Tinha a mesma solenidade de um teatro. O mesmo ar extraordinário, quase mágico.

O fotógrafo simpático, sorridente, elogiava as meninas e, a uma de cada vez, pedia que ficasse sentadinha assim, ou assim de pé, com a mão no rosto, ou então abraçada ao cavalinho, isso!

Agora é só sorrir quando eu contar até três!

Metia a cabeça por baixo do pano, contava um, dois, três! Pedia: um sorriso! Agora!

Mas Zazá não sorria. Só olhava, com expressão indecifrável.

Dona Adélia reclamava:

– Filha, o senhor fotógrafo não disse que era para sorrir?

– Não importa – dizia o fotógrafo. – Mesmo sem sorrisos, a foto da menina vai ficar muito bonita.

Mas dona Adélia não se conformava: Que coisa! Zazá vive rindo à toa mas na hora que é pra rir, fica séria! Quem entende essa menina!

Um talento para exibir I

As visitas chegam e dona Adélia, orgulhosa, chama a filha:
— Zazá, declama aquela poesia do Olavo Bilac que você aprendeu.

A menininha não se faz de rogada. Corre para o meio da sala, concentra-se e começa. Tem aulas com uma professora de declamação, mas gosta mesmo é de inventar os próprios gestos e o jeito e as entonações.

A visita comenta, encantada:
— Parece que sua filha nasceu para declamar poesias, Adélia.

Zazá sorri e dobra os joelhos para agradecer.

Um talento para exibir II

As visitas chegam e Dona Adélia, orgulhosa, chama:
— Zazá, vem declamar para o Dr. Paulo e Dona Amélia.
— Hoje, não, mamãe.
— Como assim, minha filha?
— Hoje eu não quero.
— Você não está se sentindo bem?
— Não estou é com vontade, mamãe. E também não gosto deles. Ele é barrigudo e seboso e ela tem cara de esqueleto.
— Olha essa língua, menina! E não estou perguntando se você quer ou não, sou sua mãe e estou mandando! Venha já.

Zazá levanta-se enfezada, carinha fechada, os olhos fuzilando. Vai com a mãe até a sala.

Antes não tivesse ido!

Nossa infância querida

A maneira como declama " O Navio Negreiro" de Castro Alves é exasperadora e ridícula. Faz gestos exagerados e absurdos. Pura caricatura. A carinha sempre fechada, os olhos fuzilando.

Quando termina, as visitas sorriem amarelo, e dona Adélia acha que vai morrer de vergonha. Pede licença e, furiosa, leva Zazá de volta ao quarto, puxando-a pela orelha.

Pronto!

Deixa a filha de orelha queimando e de castigo, e proíbe várias coisas.

Mas jamais volta a obrigá-la a declamar quando ela não quer.

O temperamento da menina

Sim, Zazá pode ser bem difícil às vezes. Dona Adélia perde a paciência, e parte para as chineladas.

Mas, quando quer, pode também ser uma doçura de criança.

Um dos passeios favoritos da família é passar o dia na praia de Santos.

Zazá sai das ondas do mar. Chama a irmã: Vem, Sid, depressa.

O sol doura as águas salgadas, as espumas cintilam.

Zazá sai correndo com a irmãzinha atrás.

Corre, corre, corre pela vastidão da areia.

Sidéria para, ofegante.

Zazá continua.

Corre cada vez mais. Corre até quase não poder respirar. Sente o vento bater no seu rosto, no cabelo molhado, o corpo no esforço de se superar.

Por fim, sem fôlego, joga-se na areia, na ponta da praia, de cara para o sol.

A beleza de tudo aquilo é quase insuportável. Uma beleza que ela, embora tão menina, já é capaz de perceber.

Um cotidiano de aventuras

aquela época, os bairros de São Paulo estavam cheios de terrenos baldios. Abandonados, sujos, têm um lado misterioso, meio marginal, que atrai os bandos de meninos. Nos atalhos que utilizavam para ir a um ou outro lugar, costumavam passar por algum terreno assim.

Entre eles, tem um com arbustos bem cerrados, capim alto, quase escuro. Quase ninguém se aventura por ali; só os meninos mais velhos. As meninas se recusam: têm medo. Se lhes perguntassem medo de quê?, não saberiam responder. É um medo vago do que está fora da ordem, desarrumado, inexplorado ainda. Desconhecido,

Mas Zazá põe na cabeça que devem passar por ali e, uma tarde, convence duas amigas:

— Que medo é esse? – diz. – Ontem mesmo, os meninos passaram por aí. Não acontece nada. Vamos, toma – pega pedras na rua e dá para cada uma delas. – Se tiver alguma coisa, a gente se defende.

Ela vai na frente. As outras, atrás, em fila indiana.

De repente, no meio da trilha mal aberta, lá está ele. De pé, olhando para elas e rindo: completamente nu.

As amigas dão um grito e fogem esbaforidas, sem olhar para trás.

Zazá não grita. Corre também, mas não tão rápido, porque não é preciso, e corre meio de lado para poder olhar direito. Acha uma graça enorme naquilo.

É a única que depois vai saber dizer o que viu.

E é também a única que briga com os meninos na rua, como se fosse um deles. Como acontece uma tarde, quando a turma toda, meninos e meninas juntos, brincavam de pique na rua.

Um menino dos mais fortes resolve implicar com Sid, magra e menorzinha, e lhe dá um cascudo. Zazá vê a covardia, sente o sangue subir-lhe nas veias e imediatamente avança sobre o moleque que, surpreso ao ver uma menina reagir, sai correndo.

Ela corre atrás.

Correm os dois pelas ruas do bairro, ele na frente, agora achando graça, dobrando as esquinas, escondendo atrás das árvores. O menino é maior, só que Zazá é mais veloz e logo o alcança. E ao vê-la vir com tudo, sem um pingo de medo, ele perde a iniciativa, assustado com tanta braveza, não sabe bem como se defender enquanto a menina feroz puxa seus cabelos, dá-lhe socos e beliscões e grita:

— Nunca mais encoste em um fio do cabelo da minha irmã, seu paquiderme covarde!

Sid aplaude atrás.

Sai dali, vitoriosa, deixando o menino dolorido e sem entender bem como era possível uma daquelas meninas fracotas virar aquele furacão que caíra sobre ele.

Mas aprendeu que o mundo nem sempre é como se espera. Nunca mais deu cascudo nas meninas e olhava para Zazá com uma cara que era um misto de perplexidade, raiva e uma pontinha de admiração.

Zazá começou a ficar famosa nas ruas da Liberdade.

Cena em família

ona Adélia comenta, preocupada:
— Thiers, sua filha até agora não voltou pra casa. E nem é preciso dizer o nome porque ele já sabe a qual das filhas a mulher está se referindo.

— Você já perguntou pra Sid onde a irmã está?

— Ela disse que não sabe.

O pai, que acabara de chegar em casa, cansado do dia de trabalho no escritório, tira o relógio do bolso, olha e diz:

— Se em dez minutos ela não chegar, vou ter que ir atrás.

— Bom... graças a Deus, não vai ser preciso, estou escutando o barulho do portão.

E Zazá entra correndo, esbaforida, direto pro quarto.

A mãe vai atrás:

— Isso são horas de chegar, menina? Onde você estava?

— Brincando, mamãe.

— Com quem? Sid já voltou há muito tempo.

— É que não vi o tempo passar. Estava tão gostoso lá fora.

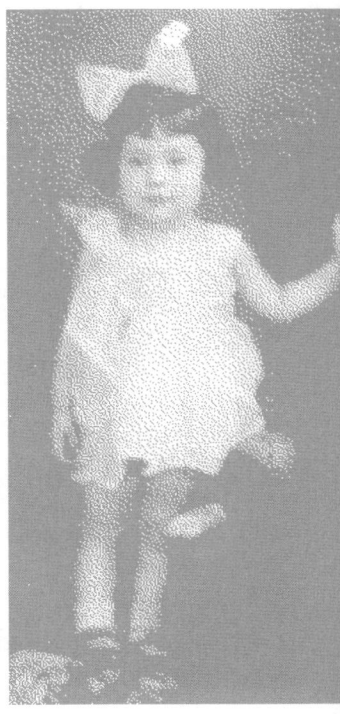

⁶**Palhaço Piolín**

Filho de artistas circenses, Abelardo Pinto nasceu em 1897, quando seus pais passavam por Ribeirão Preto (SP) com o Circo Americano, de sua família. Estreou no picadeiro ao lado do pai, palhaço e por anos compaheiro de cena, em 1913, na cidade de São Paulo. Ganhou o nome que o consagrou de colegas espanhóis, que, fazendo graça por ser ele magro como um barbante, chamavam-no Piolín. Foi aclamado pelos modernistas e pelo presidente Washington Luís como exemplo de artista popular brasileiro. Morreu em São Paulo, em 1973, e, em sua homenagem o dia 27 de Março, data de seu nascimento, é hoje o Dia Nacional do Circo.

– Não faça mais isso, está entendendo? Quero que volte para casa junto com sua irmã. E agora já pro banho, que é dia de lavar cabeça. Esfregue bem atrás da orelha, mas não demore a vida inteira na banheira. Daqui a pouco o jantar vai estar na mesa.

Enquanto entra no banheiro, Zazá escuta a briga que começa entre seus pais. Tem uma raiva danada dessas brigas. Sabe que a mãe sofre.

Começa a ter vontade de fugir dali, e a sentir uma inquietação interior. Algo que não compreende bem. Uma sensação escura, indefinida. Uma tristeza. Vontade grande de deitar na cama e chorar.

Uma tarde no circo

azá e os irmãos, o pai e dona Adélia aprontam-se para sair. A família vai ao circo. Ao circo do grande Piolín,⁶ no Largo do Paissandu. Vão conhecer o palhaço de pernas magras e compridas, que parece um barbante.

Se existia algo maravilhoso naqueles tempos era um circo bem feito.

"O circo era um balão aceso com música e pastéis na entrada" – disse uma vez Oswald de Andrade, o grande escritor que será o primeiro marido de Pagu. Mas, naquele momento, ela ainda nem o conhece, nem imagina que um dia vai conhecer.

É apenas uma menina, de cabelos rebeldes presos numa fita, que arregala os olhos: o domador de animais ferozes, os malabaristas, os acrobatas, o trapezista, a graça arrebatadora de Piolín!

Quando lhe contam que o palhaço – cujo nome verdadeiro era Abelardo Pinto –, nasceu no circo que era de seus pais e que, como todo artista da grande família tradicional circense, praticamente aprendeu acrobacia, contorcionismo, ciclismo, violino e bandolim no mesmo tempo em que aprendia a andar, Zazá suspira: Ah, que vontade de ter nascido num circo!

Acabada a sessão, chama a irmã e vão correndo ver os artistas descansando nos bastidores, e as jaulas dos animais (será mesmo verdade que o leão Nero já matou dois espectadores?).

Procuram Piolín.

Eis que ele aparece, fazendo graças especiais para as duas, e deixa que, morrendo de rir, elas esfreguem os pequeninos narizes em seu estupendo nariz vermelho de palhaço. Pergunta seus nomes, faz palhaçadas especiais para as irmãs.

Mas dona Adélia está aflita:

– Onde estão as meninas, Thiers? – Segura o braço do marido e sai procurando. – Ah, essa Patrícia! É só despregar o olho que ela some. E se estiver mexendo com os animais ferozes?

Felizmente, lá vem elas, uma de cada lado segurando nas mãos de Piolín que as conduz até onde estão os pais preocupados.

Essa noite vai ter chinelada? É bem capaz.

Mas Zazá está radiante. Sai dali jurando para si mesma que um dia será artista de circo.

E tem certeza que vai voltar sempre, agora que ficou amiga do palhaço.

Desde menina, entre dois grupos

Zazá, menina, sente-se razoavelmente feliz consigo mesma. Acha-se boa, ótima.
Mas essa não é a opinião geral.
Por onde passa, ela parece um divisor de águas: de um lado (na verdade, o menor) os que gostam dela; do outro (maior), os que a acham impossível. Rebelde, arteira, inventadeira de moda. Péssima companhia para os filhos.

A família – os tios e tias e primos – também se divide a esse respeito: tem os que gostam muito de seu jeito esperto e independente. E outros que a acham sem modos e levada demais. Todos têm muita pena de Adélia.

Os professores, por sua vez, também se dividem entre os que valorizam sua inteligência e vivacidade, e os que só veem sua teimosia, atrevimento, insubordinação, e a consideram insuportável.

Tem a dona da quitanda e o dono do açougue que acham uma graça danada quando ela vem fazer compras para a mãe. A dona da quitanda sempre lhe dá uma cocada ou uma laranja extra, e o dono do açougue deixa passar uns graminhas a mais.

Mas tem a dona mal-humorada do bazar que, quando a vê entrar, fica de olho nas bijuterias. E a proíbe de brincar com a filha. Não gosta de nada que Zazá faz.

Tem um vizinho italiano, um velho com jeito de moço, que adora conversar com a menina curiosa e novidadeira, e lhe dá uma linda gata preta, aveludada, de presente.

Ela aceita as homenagens como se lhe fossem devidas.

E tenta ignorar solenemente a reprovação que vê nas testas franzidas de muitos. Finge, mas não consegue passar tão incólume como gostaria. Sente uma dorzinha no peito.

Como no dia em que foi expulsa da casa da amiga favorita, Leocádia. Estavam brincando fechadas no quarto. Ela conseguira surrupiar dois cigarros de um tio, e estava ensinando a amiga a fumar. Leocádia não fez nada direito e começou a ficar zonza, e vomitou.

Foi um escândalo. Os pais da amiga foram até a casa de Zazá, contaram tudo para dona Adélia. Zazá apanhou de chinelo, e ficou de castigo por vários dias.

Algum tempo depois, Zazá começa a ter convulsões.

Fica febril, bate a cabeça, os braços. Perde a consciência.

Na época, diagnosticar era uma ciência difícil. Muitas doenças não são sequer conhecidas. O médico, que é chamado, não sabe dizer o que é. Prescreve fortificantes e repouso.

Ela passa dias de cama. Dona Adélia fica à sua cabeceira. Zazá pede à mãe para cantar e fazê-la dormir.

De vez em quando, em outros momentos de sua vida, Pagu terá crises assim.

> ⁷**A Semana de 22 e os modernistas**
> Recebida com vaias pelo público e crítica, a Semana de Arte de 1922 tornou-se um dos mais importantes marcos culturais do Brasil. Entre os dias 11 e 18 de fevereiro, intelectuais e artistas autointitulados modernistas apresentaram espetáculos musicais e literários, quadros, desenhos e esculturas, em que buscavam a identidade brasileira contemporânea sob influência das novas estéticas europeias. Entre os principais modernistas estão Oswald de Andrade, Mário de Andrade, Anita Malfatti, Tarsila do Amaral e Menotti del Picchia.

"Dez dias que abalaram o mundo da arte brasileira"

Em 1922, quando acontece a famosa Semana de 22,⁷ que mudou para sempre as artes no país, Zazá tem 12 anos. Enquanto as coisas ferviam entre os modernistas, ela aos domingos ia ao circo de Piolín. E namorava. Foi muito precoce nos namoros.

Nossa infância querida

Já não quer que a chamem de Zazá e sim de Pat.

Chega em casa afogueada, os olhos brilhando mais que de costume. Sid nota que a irmã está diferente e, curiosa, segue-a até o quarto.
Pat se joga na cama, agarra o travesseiro e começa a rir. Sid pergunta:
– O que aconteceu, Pat? Conta.
Ela ri e ri. Joga o travesseiro na irmã e diz:
– Agora eu sei qual é a melhor coisa do mundo, Sid.
– O quê?!
– Beijar na boca.
– Como assim?
– Assim, ó – e mostra a língua.
E quase chora de tanto rir.

Depois, bem depois, quando já é adulta e participa do movimento modernista, Pagu escreve um poema assim:
"O que você está falando, menina?
Estou falando que.
Que o quê?
Que.
Vamos dizer que a menina, minha amiga
Pretenderia o quê?
Que."

Adolescência de inquietações

São Paulo década de 20

Era desvario aquilo?

Ah Pauliceia bonita a daqueles tempos de Pagu adolescente!

É tudo muito diferente, quase irreconhecível.

Tem garoa, frio, bondinhos – todos andam de bonde, o bonde verde aberto, o bonde vermelho fechado, chamado de "camarão". A Avenida Paulista tem lindos casarões, mas o coração da cidade é o centro. Rua São Bento, Rua Direita, 25 de Março, Av. São João, Largo do Paissandu, Largo da Sé: são as ruas importantes e chiques da época.

O Anhangabaú é lindo e muito frequentado aos domingos.

Os rios Pinheiro e Tietê ainda estão vivos e bonitos, locais de piquenique e natação.

A família Rehder Galvão muda-se para Rua Bresser, no Brás.

O Brás era o grande bairro proletário de São Paulo, onde viviam também muitas famílias da pequena burguesia empobrecida, como a de Pat. Moram numa casa pequena, cujo fundo dá para uma tecelagem.

Vivem com o dinheiro apertado. Dá para o essencial, mas sem luxos. Dona Adélia faz doces, borda e costura os vestidos das filhas. Frente à pobreza reinante ao redor, no entanto, são considerados como uma família das mais importantes do bairro.

São Paulo década de 20

Pat e Sid passam a estudar na Escola Normal do Brás que não tinha só normal, mas também ginásio e primário. No romance *Parque Industrial*, que vai escrever aos 21 anos, Pagu conta como era:

"Reduto pedagógico da pequena burguesia. O estudo não é muito caro. Os pais querem que as filhas sejam professoras, mesmo que isso custe comer feijão, banana e broa todo dia.

O prédio grande amarelo e sujo. O jardim de formigas do jardineiro José. Eternas serventes. O porteiro bonito que estuda Direito. O secretário anão e poeta. As professoras envelhecendo, secando. Os lentes sem finalidade. O sorveteiro. O amendoim torrado. As meninas entrando, saindo. Bem vestidas. Mal vestidas. As bem vestidas são as filhas dos médicos do Brás. (...)"

"Brás do Brasil. Brás de todo o mundo."

Passando pelas ruas do bairro, Pat vê a miséria dos operários nas vilas operárias e cortiços. Vê os quartos emendados, o tanque comum cheio de roupa sendo lavada, o banheiro único e malcheiroso, famílias inteiras morando em um mesmo quarto, dormindo amontoadas. Criancinhas encatarradas e quase peladas chorando de frio e fome.

Alguma coisa está errada. Ela sente isso com todo seu fervor adolescente.

Vê crianças como Rosa Lituana, uma das personagens do livro que escreverá depois, começando a trabalhar na fábrica aos 12 anos de idade, a mesma idade de Pat agora.

Ela conhece muitas Rosas Lituanas na sua adolescência no Brás.

É nesse momento que começa a perceber algumas características desses dois irmãos siameses: o capital e o proletariado.

Adolescência de inquietações

⁸Capitalismo

Sistema econômico baseado na busca pelo lucro e acumulação de dinheiro, na propriedade privada dos meios de produção e no trabalho assalariado.

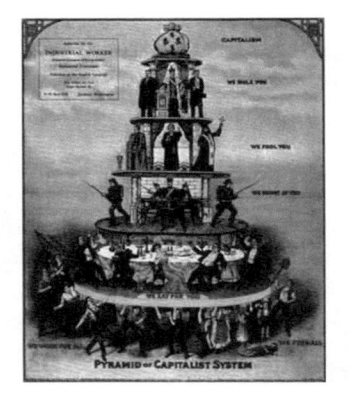

Onde está um está o outro, só que radicalmente inimigos, pior que Abel e Caim. Um fica com a grana, o outro, com o trabalho.

Quando crescer, ela vai saber que o que acontece ali, em seu bairro, acontece no mundo todo aonde chega o capital. As ruas do Brás são semelhantes às ruas de qualquer cidade industrial de qualquer outro país capitalista,⁸ naquele momento.

Mas tem os carnavais

Pat adora carnavais.
São famosos os carnavais no Brás.
Ela e os irmãos se fantasiam e vão ver o corso passar.

Confeti, serpentina. Pierrôs, Arlequins, baianas, chinezinhas.

E lança-perfume. Quando pequena, a graça era jogar o jato de éter nos outros e sentir o cheirinho bom. Depois, adolescente – e, claro, escondido dos pais, – a graça era cheirar o éter no lenço, ou na manga da fantasia, e sentir o zumbido no ouvido, a pequena euforia, o desfalecimento.

Que gostosura!

No Carnaval de 1919,⁹ com nove anos, ela tira uma foto fantasiada de Pierrô, Sid de bailarina e tia Julieta de

Arlequim. Vão à matinê de carnaval e se divertem muitíssimo.

No Carnaval de 21, na rua Bresser, Conceição e Sidéria se vestem de homens e Pat de moça feita. É engraçado se fingir de homem ou de casal, enganar as pessoas e entrar no meio da multidão nas ruas.

No Carnaval de 25, com quinze anos, ela já está morando na rua Machado de Assis, na Vila Mariana e, com Sidéria, se fantasia de palhaço estilizado. No fordinho de capota abaixada, todos vão para o corso, o animado carnaval de rua. Os carros passam desfilando e as pessoas, nas casas ou nas ruas, acenam, jogam serpentina, confetis, lança-perfume, água misturada com limão. E também tem os malandros que jogam água suja mesmo. É tudo diversão.

Ê vida boa!

E não só os carnavais. Tem outras festas.

A família da sua mãe adora comemorações.

9 Carnavais antigos, corso e lança-perfume

Ao longo dos anos 1910, os blocos carnavalescos ganhavam as ruas com suas marchinhas, que ocupavam um espaço que, no século anterior, era disputado pelas elitistas sociedades carnavalescas e o popular e violento entrudo. Na década seguinte, carros alegóricos e cordões de baianas foram incorporados à festa. Já os corsos, onde os foliões desfilavam em seus próprios carros enfeitados para a festa, começaram a ser abandonados a partir dos anos 40, até sumirem do carnaval.

Pagu fantasiada de pierrô (à esquerda) com as irmãs Sidéria (ao centro) e Conceição.

Adolescência de inquietações

> **[10] A origem da cerveja**
> Quase todo alimento com amido e outros tipos de açúcares pode fermentar e produzir álcool, e, valendo-se desse processo simples, quase todas as civilizações descobriram algum tipo de bebida alcoólica. Bebidas parecidas com a cerveja, à base de cereais, já eram produzidas há mais de 8 mil anos na Mesopotânia, na região onde hoje fica o Iraque.

Nos aniversários, tomam cerveja[10] e o tio-avô comenta, levantando o copo cheio até a borda:

– Que saudades das cervejas da Alemanha! Aquilo, sim, é que era bom!

O tio deixa Pat provar do seu copo. Ela gosta do saborzinho amargo e gelado, da cor dourada.

Vai para o quintal e toma um copo inteiro, escondida.

Depois, outro, já não tão escondida assim.

Volta para sala, morrendo de rir. E toma o terceiro copo na frente de todo mundo.

No dia seguinte, Pat não sabia o que era pior: se a queimação das chineladas que levou da mãe ou os vômitos e o enjoo que a obrigaram a ficar o dia todo sem sair de casa.

O que Pat quer fazer quando crescer?

Viajar. Ter uma bota de Sete Léguas e conhecer o mundo. A começar pelo Rio de Janeiro, que ainda não conhece.

Fazer o bem. O bem para todos. Ajudar todo mundo.

Fazer muitas coisas. O que lhe der na cabeça.

Ser admirada. Mais: ser amada.

Viver.Viver.Viver.
Ser uma grande mulher.
Ser dona do seu nariz.
Viver na beira do mar azul e rolar na areia todo dia, bem cedinho.

O que Pat detesta?

Proibições.
Falsidade e hipocrisia.
E a falsa moralidade.
Há diferença entre as três, ela se pergunta? Não sabe bem. É preciso pensar sobre isso. Ela vai pensar para saber perfeitamente bem porque detesta tanto esses três defeitos.

A conclusão a que chegou

Pat pensou sobre o assunto e já sabe qual a diferença entre aquelas três coisas que detesta: uma é quase o complemento da outra. Costumam vir juntas e se transformar numa coisa só.

Falsidade é a mentira, a coisa não verdadeira, o oposto à verdade, o fingimento.

Hipocrisia é exercer a falsidade. Quer

Adolescência de inquietações

¹¹Lampião
O semiárido nordestino, castigado pelo clima e pelas injustiças sociais, tornou-se terra fértil para o surgimento dos bandos de cangaceiros, que desde o século XVIII, atacavam viajantes, fazendas e, às vezes, cidades inteiras, hora ameçando, hora se aliando aos poderosos. Ícone do cangaço, Lampião nasceu Virgulino Ferreira da Silva em 1898, filho de humildes lavradores do interior de Pernambuco. Por volta de 1920, buscando vingar a morte de seu pai por vizinhos, Virgulino e dois de seus irmãos juntam-se ao bando de Sinhô Pereira, que, em 1922, abandona o cangaço e passa a liderança para Lampião. Durante os anos seguintes, vive de assaltos, da cobrança de tributos de fazendeiros e de pactos com autoridades. Sua cabeça passa a ser um prêmio cobiçado em vários estados e, por seus feitos, verdadeiros e imaginários, vira uma lenda, ora justiceiro, ora monstro sanguinário. Em 1938, seu bando é atacado pela polícia na Gruta de Angicos, em Sergipe. Na emboscada morrem Lampião, Maria Bonita e outros nove cangaceiros.

dizer, manifestar virtudes fingidas, sentimentos fingidos, compaixão falsa.

E a falsa moralidade é o conjunto desses fingimentos. É a pessoa fingir que tem tudo aquilo – virtudes, sentimentos, compaixão, conduta honesta – e não ter nada.

Só aparência.

Como diz o ditado: Por fora, bela viola. Por dentro, pão bolorento.

Em casa, um vulcão

A inquietação e vitalidade de Pat ecoam por todos os cantos.

Corre pela casa, bate as portas com estrondo, ensina passos de dança para Sidéria, aos risos, acompanhando a música que toca no rádio.

Aumenta o volume.

Dona Adélia começa a sentir uma ligeira dor de cabeça e dá graças a Deus quando as duas irmãs barulhentas decidem dar uma trégua e vão brincar de mímica.

É tempo de Lampião,¹¹ tempo de cangaceiro no Nordeste.

No Brasil inteiro, todo mundo comenta os muitos saques e enfrentamentos com a polícia e as proezas do cangaceiro bem vestido, cheio de joias, que entrou no cangaço para vingar a morte do pai.

Pat fica de queixo caído.

O povo também fala muito dos milagres de Padim Ciço,¹² o santo que mandava no sertão.

Entre os dois, seu coração balança.

Esse é o tempo em que ela descobre, precocemente, a força do corpo e o sexo.

Mas ainda é muito criança, sonhadora, quer tudo e não sabe realmente o que quer.

Quando está em casa, pega um xale da mãe, põe no pescoço os colares mais bonitos da caixinha de bijuterias da penteadeira, prega nas orelhas um brinco bem grande de Conceição, a irmã já moça, passa o batom mais chamativo que encontra, arruma o cabelo e, frente

---

¹²Padre Cícero

Líder político e religioso, cearense da cidade de Crato, Cícero Romão Batista (1844/1934) ordena-se padre em 1870. Em 1886, corre o sertão a notícia de que, em Juazeiro do Norte, uma hóstia consagrada por ele convertera-se em sangue na boca de uma fiel. Multidões de devotos passam a procurá-lo em busca de milagres. Sua influência ultrapassa as questões da fé e Cícero envolve-se cada vez mais com a política. Em pouco tempo, sua fama chega ao Vaticano. Convocado a se explicar ao Santo Ofício, em 1897 Cícero é acusado de ser mistificador e herege, e é proibido de celebrar missas. Obedece, mas as missas dão lugar a sessões de distribuição de bençãos, sempre encerradas por discursos aos romeiros. Por seu prestígio, é nomeado primeiro prefeito de Juazeiro do Norte. Aliado dos poderosos da região, apoia um golpe que derruba o governador em 1913 e restabelece a aliança de Fortaleza com o coronelato. Até o fim da vida, continuou influindo na política.

Adolescência de inquietações

¹³O Conservatório
Dedicado ao ensino de música e arte dramática, o Conservatório Dramático e Musical de São Paulo foi fundado em 1906, em um prédio que serviu de residência para a Marquesa de Santos, primeiro de seus três endereços, sempre no centro da capital paulista.

ao espelho grande do guarda-roupa do quarto dos pais, começa a ensaiar a declamação dos seus poemas favoritos.

Passa horas ali, ensaiando, inventando gestos e poses, e agradecendo à ovação da plateia que aplaude em pé.

Sonha com o futuro e, sem ter consciência disso, é para ele que se prepara.

Começa a frequentar o Conservatório Dramático e Musical de São Paulo[13] – onde Mário de Andrade era professor. Ela e Sid. As duas fazem o curso de Literatura e Curso de Arte Dramática.

A jovem Pagu

Era um lugar e tanto. Ótimos professores, ambiente de estudo e discussão.

Lá ia ela, com os cabelos soltos, crespos, os olhos brilhando, a cabeça pensando mil coisas.

A vida se abre como um belo leque à sua frente: é só estender a mão e seguir.

Mais tarde vai escrever em uma de suas crônicas de 1950, defendendo Schöenberg,[14] da crítica feita por Camargo Guarnieri[15] à música dodecafônica, então muito pouco conhecida: "Não sou músico, nem crítico. Sou apenas uma antiga aluna do Conservatório, dos tempos em que ali se estudava música, verdadeiramente."

Propósito do começo de ano de 1924:

Só serei aquilo em que creio.

---

[14]Schöenberg
O austríaco Arnold Schöenberg (1874/1951) propôs na década de 1920 um método de composição onde todas as notas, os 12 tons da escala cromática, tivessem a mesma importância, onde todas fossem executadas de acordo com uma série que o músico determinaria, e a essa técnica deu o nome de dodecafonismo. O dodecafonismo chega ao Brasil na década seguinte, e por vinte anos, aqui como em boa parte do ocidente, torna-se a principal referência para experiências de vanguarda musical. No Brasil, seu principal expoente é o músico e professor Hans-Joachim Koellreutter.

[15]Camargo Guarnieri
Nascido em 1907, desde cedo Mozart Camargo Guarnieri fez jus ao nome. Aos 11 anos compôs a primeira das mais de 700 peças, pelas quais tornou-se um dos compositores brasileiros mais executados no mundo. Fortemente influenciado por Mário de Andrade, que se tornou seu amigo e mestre

intelectual, compôs óperas e sinfonias de forte caráter nacionalista. Ao mesmo tempo, foi um defensor da tradição musical europeia, e como tal considerava nociva a influência das experiências dodecafônicas de Koellreutter sobre os jovens. Morreu em 1993, pouco depois de receber da Organização dos Estados Americanos o título de Maior Compositor Contemporâneo das Três Américas.

São Paulo é bombardeada

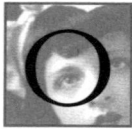

Onde estava Pat, nessa hora em que acontece o inimaginavel: bombas caem no centro da cidade!

O movimento chefiado por Isidoro Dias Lopes, que pretendia depor o governo estadual e federal, pegou quase todo mundo de surpresa.

Talvez a família tenha deixado a casa do Brás, em direção ao interior, para a casa de algum parente, como fez muita gente naquele momento. Ou talvez tenha permanecido na capital – os bombardeios e os movimentos das tropas ficaram restritos ao centro e alguns bairros, não chegaram realmente a ameaçar toda a cidade.

Os modernistas, por exemplo, consideraram aquela uma revolução espaventada, meio de brinquedo, nada tinha a ver com eles. Oswald e Tarsila obtiveram um salvo-conduto e foram para a fazenda Sertão, próximo de Jundiaí. Ali ficaram andando de carroça, descansando na rede, fazendo versos para o luar do sertão, enquanto as bombas caíam em São Paulo.[16]

E depois Oswald caçoou em seu romance, *Serafim Ponte Grande*: "São Paulo ficou nobre, com todas as virtudes das cidades bombardeadas."

Quem morre nas guerras?

Patrícia tinha 14 anos nesse momento. Deve ter vivido aquilo de outra maneira. Andou pelas ruínas da cidade, depois da curta guerra se acabar.

Pode ter pensado:

Pera aí! Isso tem que ter algum sentido. Pessoas morreram e ficaram feridas. Prédios foram destruídos. O que significa tudo isso?

Queria entender.

Deve ter pensado naquelas pessoas que não faziam parte de seu pequeno mundo de adolescente mas formavam a sua cidade, a terra em que vivia. Eram pessoas de carne e osso como ela e seus amigos, com a diferença que eram elas as pessoas que mais sofriam. Sofriam na miséria, morriam nas guerras, trabalhavam dia e noite nas fábricas, moravam nos cortiços, passavam fome.

Pat interessava-se por elas, preocupava-se ao vê-las passar apressadas e cansadas pela cidade. A grande massa dos trabalhadores oprimidos.

Por que essa diferença?

Não somos todos iguais, homens e mulheres de carne, ossos e sentimentos?

Talvez tenha começado aí sua vontade de fazer alguma coisa por uma sociedade mais justa, seu compromisso com o povo. Sua percepção de que algo estava muito errado na sua cidade. Em seu país, no mundo.

Não ficaria de braços cruzados.

[16] Revolução Paulista de 24 bombardeio de São Paulo

Diversas revoltas eclodem pelas cidades do país desde o início da República, em 1889. Enquanto as oligarquias consolidavam-se no poder, trabalhadores e cidadãos pobres em geral, aos quais se somavam militares de baixa patente, insatisfeitos com a situação e cada vez mais atentos às mudanças que ocorriam no restante do mundo, tornam-se uma massa crescente e explosiva. Em São Paulo, essa mistura levou militares paulistas a ocuparem as estações de trem e postos da força-pública da capital, forçando a fuga do governo do estado três dias depois. Em resposta ao movimento rebelde, o presidente da República, Artur Bernardes, ordena que as tropas legalistas isolem a capital no dia 11. Cercados, os paulistanos sofrem uma semana de pesados bombardeios.

Artur Bernardes, 12º Presidente do Brasil

Adolescência de inquietações

[17] Mário de Andrade
A enorme produção de Mário de Andrade (1893/1945) revela a inquietude do principal teórico do movimento modernista. Além de estudos sobre o folclore, música e literatura, ensaios, críticas, poesias, contos e romances, dos quais o mais conhecido é Macunaíma, Mário de Andrade deixou um valioso levantamento da cultura popular, produzido em várias expedições nas quais cruzou o país. Músicas, danças, canções e costumes brasileiros foram minuciosamente documentados por Mário em fotografias, gravações e cadernos de viagens. Até hoje, o resultado dessas viagens serve de matéria prima e inspiração para todos que querem entender a cultura do Brasil.

O palhaço e o professor

Numa das tardes no circo, encontra um dos professores do Conservatório Dramático que fora cumprimentar Piolín. Conversam um pouco e depois ele se retira.

Piolín pergunta a Pat:
— Sabe quem é esse?
— Claro que sei. É o professor Mário do Conservatório. Não tenho aulas com ele mas sempre o vejo lá. Desse jeito mesmo: magro, careca, comprido e de óculos. Feio, mas com esse "riso largo de criança."
— Se é só isso que você sabe dele, então na verdade você não sabe quem ele é.
— Não?
— Ele é muito mais que um simples professor.
— É?
— É poeta. E dos melhores. O maior de São Paulo, quiçá do Brasil. Poeta e escritor, o interessantíssimo seu Mário, de Andrade.[17] Está escrevendo um livro, chamado Macunaíma, que vai deixar muita gente besta.

Piolín é amigo dos modernistas. Reconhecido por eles como o grande artista que é.

Anos depois, não muitos, mas já transformada em Pagu, na época áurea da Antropofagia, aquela menina das tardes no circo sobe no palco do Teatro

Municipal para sua primeira aparição como declamadora. Ao seu lado, um dos artistas a também se apresentar no programa da noite é o palhaço Piolín de sua "querida infância". Com as mesmas pernas magras e compridas que agora carregavam o grande prestígio de ser considerado pelos modernistas como o mais autêntico e popular artista brasileiro.

A partir daí, Pagu esteve com ele em vários momentos, vários saraus.

Depois, perderam-se de vista.

E depois, muito depois, ela já havia morrido quando o palhaço Piolín, que o povo amou e a elite intelectual da época admirou, morreu na miséria em 1973, engasgando-se ao chupar uma bala.

De noite na cama I

Pat e Sid conversam.

– Sabe aquela amiga da mamãe, dona Camélia, aquela que o marido bate nela? – diz Sid. – Hoje ela veio visitar mamãe à tarde e não me viram deitada no sofá, então escutei a conversa das duas. Ela começou a dizer que a vida que leva é um inferno mas que não pode fazer nada porque esse é o seu destino. Você acredita nisso, Pat? Que a gente tem um destino e que não pode fazer nada contra ele?

– De jeito nenhum. Se conformar em viver uma vida de inferno e não fazer nada contra isso, Deus me livre! Dona Camélia tinha que dar um jeito de largar esse marido e dar uma boa surra nele.

– Mas será que ela daria conta?

– Claro que dá, Sid! Tem de dar conta. Ela tem de ter coragem e inventar um jeito de se livrar. Se não, vira cúmplice do inferno que diz ser sua vida.

Adolescência de inquietações

Sid pensa um pouco, depois continua:
— E a gente, Pat, qual vai ser o destino da gente?
— Ah, o meu eu sei.
— Mas como você sabe?
— Eu sei que vou fazer o que eu quiser fazer.
— Mas como você sabe que vai conseguir?
— Vou conseguir, sim, Sid. Sei que vou conseguir.
— Mas como pode ter tanta certeza?
— Sabe por que eu tenho certeza? Porque sei que não vou desistir. É claro que tem muita coisa que não depende só da gente, sei disso, mas tem uma coisa que depende, sim. Você pode, pelo menos, não ter medo, não ter preguiça. Ter coragem de fazer o que é preciso fazer para aquilo que você quer que aconteça, aconteça. Eu vou me preparar, vou dar o melhor de mim para fazer as coisas em que acredito, Sid, para ser como quero ser.
— E se não der certo?
— Morro tentando. Mas jamais vou ser como dona Camélia e me resignar a aceitar qualquer coisa. Nem ser como a mamãe. De uma coisa, tenho absoluta certeza: não vou me conformar com uma vidinha ruim nem medíocre. E não vou morrer de arrependimento por não ter tentado.
— E se papai e mamãe não deixarem?
— Ora, Sid, você fica muito preocupada com o que papai e mamãe deixam ou não deixam. Se eles não deixarem, é simples: eu fujo.
— Mas mamãe vai sofrer.
— Não quero fazer mamãe sofrer mais do que ela já sofre, de jeito nenhum. É horrível. Mas não posso deixar de ser quem eu quero ser só por causa dela, Sid. Não é justo. E isso eu não vou, de jeito nenhum, deixar acontecer.

Outra coisa que Pat adora

Surpreender. Ser diferente de todo mundo. Fazer o que ninguém faz. O raro. O difícil.

É que na época, as mocinhas eram muito reprimidas e só tinham um destino, o casamento.

Qualquer outra coisa, qualquer profissão, a não ser professora ou secretária, era vista com receio ou com reprovação.

Era preciso ter coragem para ir contra esses padrões. Os pais, os parentes, os amigos, a sociedade toda, todo mundo fechava a cara e reprovava quem ousasse "sair da linha".

Mas ousadia é coisa que nunca faltou a Pat.

Dona Adélia que o diga!

Pat dá cem vezes mais trabalho que Conceição, a irmã mais velha. Impossível controlar aquele vulcão ambulante de ideias, projetos e vida.

Leva "tempestades de chinelada" da mãe. Como no dia em que, mais uma vez, esquece a hora de voltar para casa, porque estava acompanhando uma manifestação de trabalhadores.

Sem ainda saber exatamente por que razão, "era notavelmente contra os patrões" – como diria depois. Era "contra os patrões" porque era, pronto. Porque não podia estar certo os operários trabalharem tanto e ganharem tão pouco, pronto.

Adolescência de inquietações

[18] Os comunistas e os anarquistas

As ideias anarquistas de uma sociedade onde as pessoas se autogovernam, livre de autoridades, aportaram por aqui com os imigrantes europeus no tempo do Império. Foi a principal ideologia do início do movimento operário, opondo-se aos patrões, à igreja, ao governo e partidos políticos da República Velha. O anarquismo, porém, não era unanimidade entre os trabalhadores. Em 1922, acreditando que o governo é necessário, mas que deve servir ao proletariado para acabar com as desigualdades que dividem os homens em classes sociais, ex-anarquistas e outros convertidos ao marxismo fundaram o Partido Comunista do Brasil, empolgados com a criação da União Soviética (1922-1991). Logo depois da fundação, o presidente Epitácio Pessoa declarou o PCB ilegal, mas isso não deteve a influência dos comunistas, que em pouco tempo tornaram-se as principais lideranças das lutas sociais pelo país.

E gostava muito das manifestações nos bairros operários daquela época. Militantes do Partido Comunista, ou os anarquistas,[18] apareciam de repente, subiam num caixote e começavam a discursar e lá se juntava o povo para escutar o que eles tinham a dizer. Patrícia também. Gostava do movimento da multidão gritando pelas ruas, levantando bandeiras. Achava bonita essa animação.

Mas tem outros momentos, muitos, em que ela não quer saber de nada. Deita-se na cama e fica. Angustiada. Sem saber o que pensar. Sem saber o que quer. Nem o que fazer. Nem como fazer.

Passa horas assim, se questionando. São momentos escuros. E ela sofre. Sente-se presa. Sabe que tem que dar um jeito de sair daquela vidinha sufocante.

Tem pesadelos à noite. Chora. Quer se abrir com a mãe mas não sabe o que pode lhe dizer, o que a mãe vai entender.

Nada, possivelmente. Por mais boa vontade que tenha, a mãe não entenderia nada. O pai, então! Pode esquecer.

Ela está sozinha.

Anarquistas de 1919, futuros comunistas: Otávio Brandão, Astrojildo Pereira, Afonso Schmidt, Edgard Leuenroth e Antônio Canellas.

De noite na cama II

— Sabe o que quero muito, muito, quando crescer, Sid?
— O quê?
— Ser feliz. Me dar completamente.
— A quem?
— A alguém. Ou, então, a alguma coisa. Mas completamente, entende, Sid? Completamente.

De noite na cama III

— E o que é preciso, Pat, para ser feliz?
— A primeira coisa, Sid, é fazer o que você acha que tem que fazer. Ser coerente consigo mesma, entende? Ter integridade com o que você pensa. É a primeira coisa, a mais importante de todas. Não trair você mesma.
— E a segunda coisa?
— Essa eu ainda não sei. Mas vou descobrir. E quando souber, eu conto.

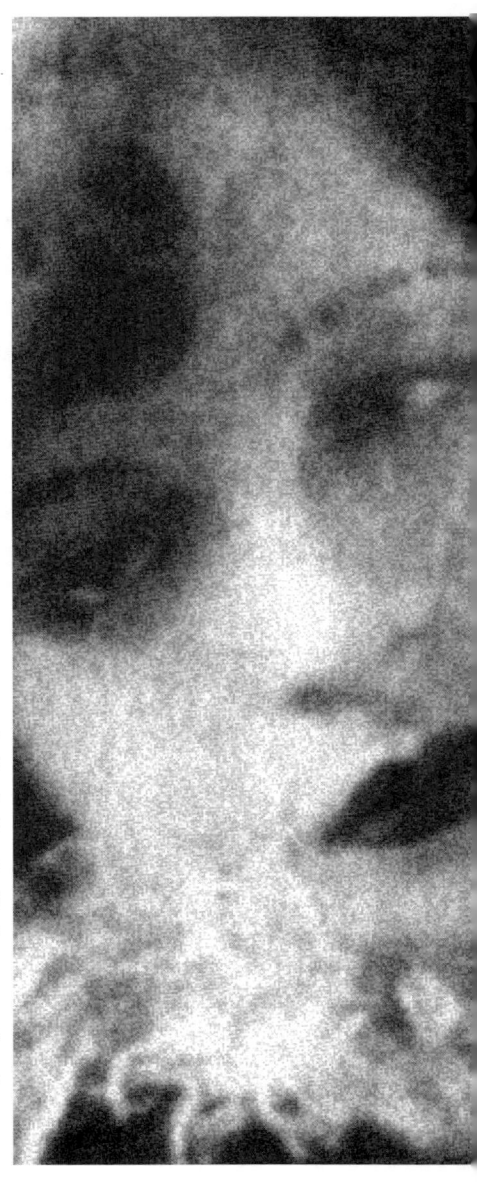

Os anos do conservatório

Cronista precoce

Aos 15 anos, ela começa a colaborar no *Braz Jornal*, assinando Patsy.

Veja bem: aos 15 anos. Se até hoje escrever em um jornal com essa idade é precoce, imagine em 1925!

Talvez o jornal fosse um pasquim qualquer, pode ser. Mas não importa.

O que importa é que Patsy já tinha o que dizer. E, de um jeito ou de outro, sabia como.

É o ano em que conhece Guilherme de Almeida,[19] secretário da Escola Normal do Brás – o primeiro poeta que conheceu. Mário de Andrade não contava porque, naquela época, era um professor meio distante, e ela nem tinha aulas com ele e ainda não eram amigos.

---

[19]**Guilherme de Almeida**
Começando como advogado e cronista social, Guilherme de Almeida (1890/1969) acaba firmando-se como poeta. Amante dos clássicos gregos e latinos, o talento de Almeida para os versos bem lapidados, no estilo parnasiano, logo foi notado, mas deixou de lado tanto formalismo quando se uniu aos modernistas, sendo um dos fundadores da revista do movimento, a Klaxon.

Passado o furor modernista, afastou-se de seus ideais estéticos, flertou com a poesia oriental, e voltou-se para a poesia de versos redondos e ternos, bem do agrado das moçoilas. Em um concurso patrocinado pelo jornal carioca Correio da Manhã, foi eleito, em 1957, "O Príncipe dos Poetas Brasileiros".

Os anos do conservatório

Foxtrote e guaraná espumante

Ia às festinhas nas casas de família. Dançava foxtrote.
Tomava guaraná espumante.
Namorava muito. Era exuberante, desinibida, interessada, curiosa.

Mas, de repente, sentia aquela coisa ruim, estranha: uma inquietação profunda que não sabia definir. Algo que parecia consumi-la a partir de dentro. Como se procurasse uma chama onde arder.

Passava dias calada, sem querer ver ninguém, enfronhada em si mesma.

Eram tantas as coisas incompreensíveis, erradas, hipócritas. Aquele ambiente em que vive, por exemplo, ela não compreende. Por que tantas coisas são proibidas?

Por que tanto limite na vida?

Hoje, a maioria das famílias e a própria sociedade são, nesse sentido, felizmente, bem menos repressoras. Mas naquela época parecia haver cartazes de "Não Pode" e "Proibido" afixados em um montão de coisas.

Por exemplo:

Namorar: proibido. A não ser no portão, sob os olhos dos pais, e só com quem eles aprovassem. E tinha que namorar de longe, sem pegar na mão e muito menos beijar na boca.

Fumar: inimaginável.

Dormir fora, na casa das amigas: só em ocasiões especiais.

Ficar acordada até tarde: impossível.

E por aí vai.

Por que tudo isso era proibido? – Pat se perguntava. Por quê?

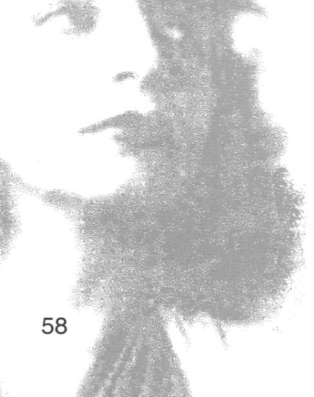

A primeira grande paixão

A família muda para a rua Machado de Assis, na vila Mariana, quando Patsy tem 16 anos.

Vila Mariana é um bairro de classe média, tranquilíssimo. As casas têm alpendres, jardins e quintais com árvores.

Patsy pega o ônibus para ir à escola, para ir passear no centro. E para namorar.

Há algum tempo já, está namorando Olympio Guilherme, cineasta e ator, mais velho. O namoro, que os pais não aprovam, começou assim:

Ele tinha uma coluna na *Gazeta*. Era um rapaz muito popular, bonito, simpático. Um dia recebe uma carta assinada por uma garota chamada Patsy. Uma carta divertida, irônica, comentando um assunto sobre o qual ele escrevera.

Ele envia uma resposta e começa uma intensa correspondência entre os dois. Logo, marcam um encontro.

Ele se encanta com a jovem diferente, inteligente e, além de tudo isso, muito bonita. E ela começa a achar que está amando.

As broncas da dona Adélia

Em casa, Patsy tem que se rebolar porque a mãe continua uma fera. Castigos, broncas, chineladas: já está acostumada.

– Essa menina é muito namoradeira, Thiers, você tem que dar um jeito na sua filha!

O pai bem que tentava mas era inútil.

A filha tinha alguma coisa dentro dela que não se deixava dominar.

Na escola, as notas eram boas, menos em comportamento. Desde a época da professora Anésia, Pat se destacava: pelas notas altas e rapidez, ou pelas respostas cheias de espírito, ou pelas redações, entre as melhores da classe. Mas, quando não por isso, pelos modos e atrevimento.

Histórias correm sobre como pulava os muros da escola para gazetear aulas, e namorar.

Serão verdadeiras? É provável que sim.

Se não pulava literalmente esses muros, metaforicamente pulava. Não se deixava enquadrar pelos muros da escola nem pelos da sua casa nem pelos da moral pequeno-burguesa da época.

Tinha aquela necessidade de ir até o fundo das coisas e se indagar sobre o que é realmente certo e o que é realmente errado.

Por exemplo:

Se ela fez as lições de casa e sabe bem a matéria, por que razão tem que ficar escutando os professores ensinando o que está careca de saber, por que não pode ficar desenhando tranquila no seu caderno, ou simplesmente sair para ver o que acontecendo lá fora?

Por que, na hora do recreio, ela não pode sair um pouco da escola e se espairecer na praça? Que grande mal há nisso?

Se ela acha um rapaz simpático, por que não pode se aproximar e se apresentar?

Por que não pode beijá-lo se tem vontade de beijar? Por que não pode namorar Olympio Guilherme?

Se um professor é injusto com uma colega sua, por que tem que ficar calada e fingir que não percebe?

Por que ela e suas colegas podem estudar em uma escola boa e várias mocinhas que conhece no Brás sequer podem estudar porque têm que trabalhar?

Se todos os homens são iguais, por que uns têm tanta coisa e outros não têm nada?

De noite na cama IV

Pat, você quer casar com quem?
– Sei lá, Sid! Não sei nem se quero casar.
– Não?! Como assim?
– O que eu quero é ter um grande amor, bem grande mesmo. Ou talvez mais de um. Mas todos grandes. Amar, amar completamente: é isso que eu quero, entende?

A vida é uma gangorra

Patsy tem seus dias de alegria, quando se sente muito bem, dona do mundo. Lê, estuda, desenha. Escreve umas coisinhas. Versos. Rabisca nos cadernos. Escolhe novas poesias para declamar. Ensaia.

Namora muito

E sonha. Como ela dirá depois: é melhor sonhar do que não sonhar. É melhor viver do que não viver.

Mas, então, vêm os dias ruins, e ela se sente tomada por uma vontade enorme de alguma coisa que não sabe o que é. Uma energia incontrolável que explode dentro dela.

É como se estivesse em uma gangorra: de um lado, a alegria mais pura; de outro, a mais negra tristeza. Em geral, a vida é mesmo assim, sobretudo quando se é muito jovem, quando parece haver uma urgência premente em tudo, como se o mundo fosse acabar amanhã, e tudo está sempre pintado com as tintas mais fortes da aquarela.

Patsy, então, que tem um temperamento dramático, carrega ainda mais nas tintas: ou tudo está maravilhoso, ou tudo está insuportavelmente ruim.

E assim ela vai seguindo: ou lá no alto da gangorra, ou lá embaixo.

Mas, no geral, os dias bons parecem compensar os ruins, e sempre estão cheios de coisas acontecendo.

Ela tem várias fotos dessa época, tiradas com todo capricho, naqueles estúdios fotográficos que continuavam comuns. Para ter lembranças do tempo que passava, era preciso recorrer aos fotógrafos profissionais.

Desde pequena, Pat adora tirar fotos. Não gosta de sorrir quando é fotografada porque acha que não é preciso. O que faz é tentar expressões diferentes. Às vezes séria, compenetrada, outras, misteriosa e sedutora. Fotografa de peruca loura, olhar e pose de mulher fatal.

E eis que a Fox, a famosa companhia cinematográfica americana, estava à procura de novos talentos para Hollywood. Veio parar no Brasil, onde organizou o Concurso de Beleza Feminina e Varonil.

Imagine o *frisson* que isso despertou na sociedade paulistana.

Os mocinhos e mocinhas bonitos da cidade se entusiasmaram, se produziram e foram fotografados. Pat, avisada por Olympio, também foi: não perderia uma oportunidade dessas.

Estava linda, e até muito bem comportada para seus padrões. O cabelo curto, em um corte da moda, o vestido com decote drapeado, lencinho amarrado no pescoço. Um rostinho expressivo e sonhador.

Sidéria a acompanhou à sessão de fotos e não tinha dúvidas: a irmã ganharia.

Passaram a noite planejando o futuro – Pat levaria Sid com ela para Hollywood. Riram muito. Imaginaram os filmes que faria. Parecia tudo tão fácil, prontinho para acontecer.

E no entanto, não foi ela quem ganhou.

Lia Torá recebeu o prêmio feminino e Olympio Guilherme, o varonil. Foram os dois para os *States*. Guilherme de Almeida, que conhecia Olympio e mantinha uma coluna sobre cinema em *O Estado de S. Paulo*, chamada "Cinematógraphos", escreveu:

"Olympio Guilherme, o feliz brasileiro que a Fox em boa hora escolheu para nos representar em seu estúdio, tem todas as qualidades que possam exigir de um astro cinematográfico."

A grande dor e as violetas

Mesmo escondido, ela continuava namorando Olympio Guilherme. E acontece, nesse momento, alguma coisa nebulosa na vida de Patrícia. Há um escândalo em sua casa. Os pais descobrem o namoro. Ela apanha. Nada é muito claro, mas parece que ela planeja fugir de casa.

Acha que está grávida. Quer contar para Olympio, e vai se encontrar com ele. Mas, então, antes que ela diga alguma coisa, é ele quem lhe diz que está partindo. Afinal, ele ganhara o concurso.

Pat não diz nada.

É "um dia cinzento entre os cedros do Jabaquara". Fica-lhe "a sensação de calor nos pés. Um vento gelado e um cachecol escocês voando".

Sente-se humilhada. Passa muito mal, tem alucinações.

Perde a criança, um segredo que ninguém sabe.

Fica um tempo sem ir à escola.

Quando se recupera, ela conta depois:

"Andei pela vida de novo. Sem vida. Apareceu Euclides."
Tornou-se sua amizade e seu refúgio. Pensam em se casar. Dessa vez, os pais aprovam.

Um dia, ela e Euclides saem para procurar violetas pela cidade. O tempo fecha e começa a chover forte, sem parar. Os dois não se importam. Querem violetas e continuam, alegres, procurando-as pela cidade. Ficam encharcados.

Euclides diz, beijando os cabelos molhados de Patsy:

– Com tanta chuva, vamos ficar doentes.

– Prometo que enfeito seu túmulo com violetas, se você morrer.

E outra vez a tragédia vai a seu encontro.

Euclides realmente pega pneumonia. Poucos meses depois, ele morre.

Thiers vai buscar a filha na escola para lhe dar a notícia e levá-la para ver o corpo do namorado no caixão.

Pasty ainda é tão jovem, mas sente que já nada espera da vida.

Passa a ter uma ideia fixa: sair do ambiente em que vive. Quer se afastar. Ter um lugar onde possa respirar, sem simulações. Sofrer sua dor sem dar satisfações a ninguém.

Começa a fazer três cursos de uma vez, para poder passar a maior parte do tempo fora de casa.

Os pais não a compreendem e quase nem falam com ela.

É um tempo escuro e triste, mas a juventude é mais forte. A vida segue e leva Pat junto.

"Espírito inquieto dentro de um vestido inquietante."

São assim as mocinhas da época, segundo o poeta Guilherme de Almeida.
Entre elas, Pat, que vai se animando, devagar.

Seu pensamento quase obsessivo é sair de casa. Ir para um lugar onde possa viver sua dor sozinha. Ou onde possa esquecer tudo o que sofreu.

Pagu adolescente, entre a irmã Conceição e uma amiguinha.

Enquanto isso, lê, escreve e desenha. Estuda.

Além de gostar, sabe que cultura não cai do céu. A primeira coisa que a inteligência sabe é que, por si só, nada sabe. Precisa aprender com o que está ao seu redor. E o que está ao seu redor abarca tudo: escola, livros, revista, conversas, circo, teatro, namoros, brincadeiras, passeios, observação. Abarca o mundo e a vida.

Uma tarde, um moço lindíssimo aparece na Escola Normal do Brás, para visitar Guilherme de Almeida, o secretário da Escola. Chamava-se Reis Júnior.

Lá veio ele subindo as escadas.

Pat, Sidéria e outras colegas estavam no *hall* da escola.

Quando Reis Junior passa, Pat assobia "Fiu!fiu!" E pergunta, com seu sorriso de batom roxo:

– Aonde você vai?

– Vou até ali mas não demoro – ele responde. – Pode ter certeza.

As moças se alvoroçam, e esperam o belo voltar.

Quando ele passa de volta, começa a namorar Patrícia.

Namorando Reis Junior, ela fica mais amiga do Guilherme de Almeida. E a partir daí conhece a turma toda, inclusive o poeta Raul Bopp.

Sua vida começa a mudar.

Balança de defeitos e virtudes

Pat era um tanto narcisista? Digamos, até egocêntrica? Ela mesma confessa que sim.
Um tanto exibida e convencida? Certamente
Insatisfeita e complicada? Sim.
Dissimulada? Ela mesma diz: "Passei a me ocultar, a sorrir todo o tempo, a esconder o ódio e meus sentimentos".
Autoconfiante? Com certeza, e muito.
Ousada, rebelde, inteligente? Sem dúvida.
Corajosa? Demais.
Infeliz e feliz. Contraditória.
Mas com uma coerência quase selvagem consigo mesma. E a vontade de fazer alguma coisa, se doar a alguma coisa maior.
Sabe perfeitamente o que não quer: continuar vivendo aquela vida besta.
Como se vê, uma combinação explosiva. Mas um tipo de combinação que, quando funciona e não desanda muito, ajuda a empurrar o mundo pra frente.

Ah, sim, mais uma coisa

Pat gosta de namorar no cemitério.
É tranquilo, não passa ninguém entre os túmulos. E depois, o namorado fica tão espantado que jamais, jamais, Pat tem certeza, se esquecerá dela.

O ano de Pagu: 1928

Pagu, toda de preto no centro da foto, entre as alunas da Escola Normal

A normalista

Pat vai estudar na Escola Normal da Capital, na Praça da República – que depois se transformou no colégio Caetano de Campos.
Era uma época de efervescência, e muitas coisas começavam a dar sinais de querer mudar. Novas ideias apareciam. As ruas se agitavam com manifestações políticas. Novos hábitos tomavam conta da cidade: o cinema, os carros. Nas escolas, começava-se a compreender que a educação do corpo também merece atenção: a educação física era introduzida como matéria a ser levada a sério.

Eram ainda tentativas, talvez pequenas, mas mexiam com as pessoas, sobretudo os jovens. São Paulo, o centro industrial, parecia aglutinar o que havia de novo.

Com sua saia azul e blusa branca, Pat era uma das normalistas que se tornaram, naquele momento, um "tipo" de estudante que deixou fama. Eram quase um símbolo

[20] **Faculdade de Direito do Largo São Francisco**
Um dos primeiros problemas práticos que o governo do Brasil recém independente enfrentou foi a falta de mão de obra. A administração do país tinha necessidade de bacharéis, mas só havia como formá-los no outro lado do oceano, na Universidade de Coimbra, em Portugal. Por isso, em 1827, cinco anos depois da independência, o governo instalou a primeira faculdade de direito do país no Largo São Francisco, transformando a cidade de São Paulo em um importante centro intelectual e político. Ruy Barbosa, Prudente de Morais, Campos Salles, Washington Luís, Jânio Quadros, Rodrigues Alves, Castro Alves, Álvares de Azevedo e José de Alencar são alguns de seus ilustres alunos.

desse tempo de mudanças, quando as mulheres começaram a estudar para ter uma profissão: a de professora. Em São Paulo, elas iam animadas, conversadeiras, pelas ruas do centro da cidade, onde os rapazes da Escola de Direito, do Largo de São Francisco,[20] e os que trabalhavam por ali, se reuniam para vê-las passar.

E Pat passava.

Mais ou menos aí pelas 11:30, quase todos os dias, lá vinha a moça de corpo bem feito, bonita e cheia de vida.

Com maquiagem extravagante, de cor meio amarelo-escura, "meio cor de queijo palmira" – onde será que ela foi arrumar um "pancake" com uma cor dessas! – e os lábios com seu batom de estimação, grená, quase roxo, bem estapafúrdio.

E o cabelo?

Era um cabelo comprido, crespo, um pouco escovado, solto até os ombros, meio eriçados para a época quando a moda era o cabelo curto, arrumadinho. Grandes argolas de brincos penduradas nas orelhas.

Passava com seu uniforme de normalista – saia azul e blusa branca. Mas usava uma saia mais curta do que o normal. E passava com seu andar de dona da rua.

E com outro detalhe: usava uma bolsinha diferente, de pelúcia, em forma de cachorrinho. Era o animalzinho que carregava.

Os rapazes mexiam com ela, diziam gracinhas:
– Me manda um beijinho! Bonequinha linda do papai!
Pat não deixava nada sem resposta: era tão divertido aquele joguinho coletivo.

Os gracejos aumentavam e era aquela bagunça, gracejos e brincadeiras e troças e risos, e ela rindo e respondendo, que se alguém tinha papas na língua, esse alguém nunca foi Patrícia Galvão.

– Ei! Dê uma olhadinha pra mim, coração!
– Olhar o quê? Só se for com um microscópio!
– E que tal hoje à tarde, na minha *garçonnière*?
– Sua adorada mamã vai também?

Conversa de normalistas lambendo sorvetes I

"Escuta, você sabe o que é o comunismo?
– Não sei nem quero saber."

Conversa de normalistas lambendo sorvetes II

"Escuta, você sabe o que é o comunismo?
– Eu sei.
– O que é?
– Quando chegar o comunismo, não vai mais ter capitalistas explorando os trabalhadores. Não vai ter fome nem opressão. Todo mundo será igual: os burgueses e nós. Não vai ter mais-valia nem injustiça. Tenho um panfleto aqui que explica tudinho bem explicado. Você quer ler?
– Depois."

Conversa de normalistas lambendo sorvetes III

"O que é essa tal de mais-valia, você sabe?
– É a parte do trabalho do operário que fica com o capitalista.
– Ah, é? Fica?
– Por que você acha, tonta, que uns são ricos e os outros são pobres?
– Sei lá! Não é por que nasceram assim?

— E você, por que não usa sua cabeça para pensar um pouquinho?"

As abomináveis "burguesas velhas"

Por causa de sua insubordinação e rebeldia, Pat era mais ou menos popular. Mas se achava diferente e não ligava muito para as colegas. Detestava a falsidade delas.

Passava pelos grupinhos faladores, balançava os ombros, fazia caretas por pura provocação. Ou passava como se nem visse nem ouvisse a enxurrada de comentários de ohs! e ahs! e nossa, você viu?, que ia deixando em muitas daquelas cabecinhas que achava demasiado fúteis.

— Você viu a maquiagem da Patrícia? Viu como ela responde para os rapazes? Viu o jeito como ela anda?

Conhecia bem suas colegas de classe.

Depois das aulas terminadas ou gazeteadas, enjoava de ver seus rostinhos disfarçados entrando aqui e ali, exatamente nos lugares que diziam abominar.

Ora, ora!

As inconfundíveis saias de normalistas nas filas mais escuras das matinês e clubes de meia luz, ou subindo os degraus de alguma escada rangedora que levava para algum lugar proibido.

Enjoou de ver. As mesmas que formavam seus grupinhos apontando para ela, Patrícia.

Essa falsa moralidade lhe dava engulhos.

E, no entanto, poderiam, se quisessem, fazer tanta coisa. Moças inteligentes, ousadas – não fosse a hipocrisia.

Era isso, na verdade, o que mais a irritava. Mais até do que o fingimento, era o desperdício da força criadora que sabia existir nelas, elas que, além de tudo, acabariam sendo as

[21]**Santos na época**
No começo dos anos 20, enquanto a população paulistana contava com 2 italianos por brasileiro, Santos era chamada de Barcelona brasileira pela grande presença de imigrantes espanhóis, embora fosse a família Guinle, descendentes de franceses, donos do Porto, os mais prósperos da cidade. Foi a década de ouro de Santos, praticamente reconstruída a partir da fundação do Porto, em 1892. Em duas décadas, a localidade colonial até então assolada pela febre amarela, malária e peste bubônica, foi transformada em uma cidade moderna, com novas avenidas servidas por bondes e prédios luxuosos com mármores e cristais importados, como o da Bolsa de Café de Santos, inaugurado em 1922.

fazedoras de cabeça dos filhos que um dia teriam, e que por sua vez se transformariam nos jovens responsáveis pelo futuro do país.

Quanta mocidade desperdiçada!

Um pouco mais tarde, ela escreveria tudo isso no jornal.

Na praia do Gonzaga

Sentada na areia com Sidéria, na praia em Santos,[21] as duas com os comportados maiôs da época, Pat fala mais uma vez de seus sonhos/planos para a irmã: quer muito viajar, sair de navio e conhecer o mundo. Tanta coisa diferente deve existir por aí, tanto para conhecer e viver.

Sente uma ânsia de vida, uma energia irrefreável. Seu desejo é seguir com as ondas.

Sidéria diz:

– Você sempre me disse isso, Pat. Que quer conhecer o mundo. Até a China. Quero conhecer a China, Sid. Desde pequena você me fala isso.

Pat levanta-se, põe a mão sobre os olhos para ver melhor o horizonte sob o sol, e diz:

– E vou, Sid. Pode ter certeza que vou.

"Uma menina de cabelos malucos que ela nunca penteia."

Pat deve ter conhecido Raul Bopp, gaúcho, advogado e poeta – depois, diplomata – quando namorava Reis Junior, entre 1927 e 1928.

Raul, vindo de Minas, chegara em São Paulo em 1926; teria por volta de 30 anos.

E seja como for que se tenham conhecido, uma coisa é certa: esse encontro mudou a vida de Patrícia.

Raul Bopp se encantou com ela. Riu com as tiradas e a eletricidade exuberante da extravagante mocinha. Os olhos verdes que olhavam como ela queria que olhassem. Ou bem lânguidos ou bem elétricos: sabia como tirar o máximo proveito deles. Para isso valera tantas horas passadas frente ao espelho.

E já que ele era poeta, Patrícia lhe mostrou uns versos que fazia de vez em quando.

O poeta experiente não teve dúvida: a vida naquela moça, eh eh!

Não era apenas uma normalista bonita.

– Patrícia Goulart – ele repetiu. – Foi assim que você disse que se chamava? Patrícia Gulart, Patri-Gular, Pa-Gu – Pagu. Você vai ser Pagu. Ê Pagu.

O nome lhe serviu como luva de pelica especialmente feita para ela.

Raul virou seu "padrinho". Alguns dizem que namorado também.

E não só lhe deu o novo nome como a levou pela primeira vez a uma das recepções de Oswald e Tarsila,[22] ao solar da Alameda Barão de Piracicaba.

Queria ter a honra de introduzir aquela obra-prima da natureza à roda boêmia de seus amigos literatos.

E foi assim que Pat virou Pagu.

A normalista ousada e diferente entrou, pela primeira vez, na casa de Tarsila e Oswald de Andrade. Adorou os dois à primeira vista; adotou-os como seus dois ídolos.

A casa deles virou sua ilhota de felicidade.

Era o encantador solar onde funcionava a roda literária dos modernistas. As paredes cheias de quadros de Tarsila e de amigos, e cartazes de exposições de Tarsila. No piso, um maravilhoso tapete persa. Puffs espalhados, cadeiras, sofá. Cores, cores, cores. Luminosidade e aconchego. Quadros de Tarsila, de Léger, de Picasso, De Chirico,[23] entre outros. O que de melhor havia na arte moderna. O ar cosmopolita de quem viajou pelo mundo e do mundo trouxe o que merecia vir. O verde das gigantescas folhas tropicais do vaso a um canto. A mesinha do centro com seus enfeites, livros e manuscritos. O lustre de forma hexagonal pendendo do teto até bem baixo.

Como era bom viver assim!

Como era bom ser parte daquele polo irradiador de ideias e beleza.

Pablo Picasso

[22]**Tarsila e Oswald**
Ricos e ilustrados, a bela pintora e o incendiário jornalista e intelectual eram o casal-símbolo dos modernistas, tão ligados que Mário de Andrade lhes deu o apelido de Tarsiwald. A principal cria dessa união foi o Movimento Antropofágico, que, em 1926, defende que devoremos intelectualmente o estrangeiro na criação de nossa própria cultura.

[23]**Picasso, Léger, De Chirico**
Os modernistas são influenciados pela vanguarda artística europeia da época, que procurava explorar novos caminhos, tanto na estética, como as abstrações cubistas de Picasso e seus seguidores, como Léger, quanto na temática, saindo do campo do real para o sonho, como queriam os surrealistas, com Dali e De Chirico.

[24] Mappin/ Cadillac/ os cinemas

Os Anos Loucos, a Era do Jazz, esses apelidos lembram o curto período entre o fim da Grande Guerra (1914/1918) e a Crise da Bolsa de 1929, quando os Estados Unidos firmaram-se como centro econômico e cultural do mundo. Em São Paulo não era diferente. Nas telas das cerca de 50 salas de cinema da cidade, modas e mitos hollywoodianos já influenciavam a linguagem e o comportamento. Imitando roupas e trejeitos das divas do cinema mudo, as melindrosas, as modernas da época, desfilavam pelos salões de chá, tanto das tradicionais confeitarias como das lojas no estilo norte-americano. Grandes magazines de autosserviço, como a Mappin Store, que, atraídas por uma população que não parava de crescer e consumir, tomavam o lugar das tradicionais lojinhas de balcão. Cavalos e carroças, que já dividiam o espaço com os bondes, passam a ter menos espaço com a multiplicação de carros, diversão de abonados que rapidamente se popularizavam com os avanços de outra invenção americana, a indústria automobilística.

Parte daquele centro do mundo deles.

Será que era esse o lugar que ela tanto procurava?

O xodó de Tarsila e Oswald

Com os novos amigos mordernistas, ela ia ao cinema: o Pathé e o Congresso na Praça João Mendes, o Bijou e o Politheama na Av. São João.

Iam ao salão de chá da casa do Mappin,[24] frente ao Teatro Municipal.

Jogavam pif-paf.

Oswald tinha um Cadillac, uns dizem que verde, outros dizem que azul. A turma entrava no Cadillac e saía por aí.

Faziam piqueniques nos campos ao redor da cidade.

Liam os autores novos, discutiam sem parar e se divertiam.

Tinham um estilo refinado na forma de viver e na maneira de se vestir. Tudo isso fazia parte do espírito de oposição e de revolta. A palavra de ordem era combater e destruir a trivialidade.

E fazer arte.

Grupos de amigos da cidade, do Rio e de outros estados apareciam no solar da Alameda Barão de Piracicaba para o *open-house* e os debates literários.

Tarsila e Oswald adoravam receber.

E como que adotaram Pagu.

"Vestiam-na, calçavam-na, penteavam-na, até que se tornasse uma santa flutuando sobre as nuvens" – disse Flávio de Carvalho, um dos frequentadores do solar na época.

Pagu declamava com boa dose de malícia e brejeirice. Era um sucesso.

O famoso poema feito para ela

Sai publicado na *Revista Para Todos*, do Rio, com ilustração de Di Cavalcanti, o poema "Coco de Pagu", o poema que seu "padrinho" fez.

COCO
Raul Bopp

Pagu tem os olhos moles
uns olhos de fazer doer
bate-coco quando passa
coração pega a bater

Eh Pagu eh!
Dói porque é bom de fazer doer

Passa e me puxa com os olhos
Provocantissimamente
Mexe-mexe bamboleia
pra mexer com toda gente
Eh Pagu eh!
Dói porque é bom de fazer doer

Toda gente fica olhando
      Seu corpinho de vai e vem
        Umbilical e molengo
         De não-sei-o que-é-que-tem

      Eh Pagu eh!
       Dói porque é bom de fazer doer

      Quero porque te quero
      Como não hei de querer?
      Quererzinho de ficar junto
      Que é bom de fazer doer

      Eh Pagu eh!
       Dói porque é bom de fazer doer

Aparecem os antropófagos

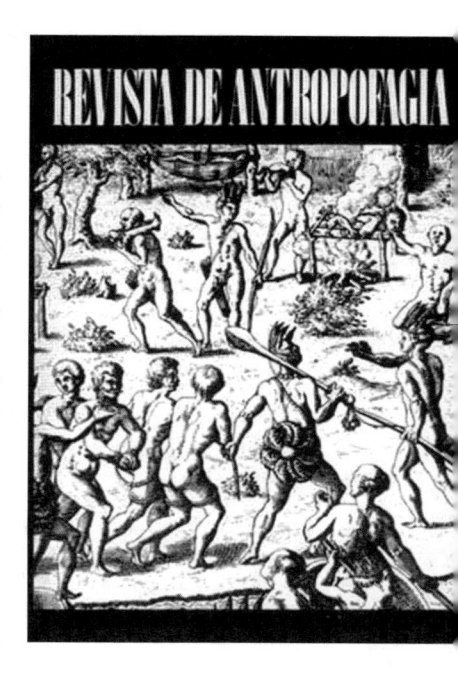

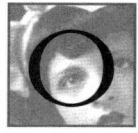

O Manifesto Antropofágico, inaugurando o primeiro número da *Revista Antropofagia*, foi o furor do ano literário de 1928.
Antropofágico queria dizer canibalismo, exatamente. Canibalismo cultural. Queria dizer que os artistas brasileiros não deveriam aceitar as ideias que vinham de fora como se fossem nossas: antes seria preciso mastigá-las bem para transformá-las em outra coisa, aí sim, bem brasileira. A proposta era "devorar culturalmente" os estrangeiros. Degluti-los. Para daí fazer uma arte radicalmente voltada para o Brasil, feita com coisas do Brasil.

Era a radicalização do modernismo de 22, e seria a semente de futuros desentendimentos e brigas entre os modernistas.

Foi um tempo em que Pagu sentia-se quase completamente feliz.

Espumas de sabão

Quando voltava para sua casa e a mãe, preocupada, perguntava por onde estivera, Pagu, os olhos como se estivessem pegando fogo, respondia:
— Com as pessoas mais inteligentes do mundo, mamã.

O ano de Pagu

[25]Lênin

Após passar cinco anos preso na Sibéria por sua militância comunista, o russo Vladimir Ilitch Ulianov (1870/1924) é solto em 1900. Muda-se para a Suíça e passa a se chamar Lênin. Do exterior, funda um partido para fazer oposição ao czar Nicolau II, da Rússia, mais um grupo de oposição, aliás, entre vários, de movimentos de comerciantes e industriais, até militares, operários e camponeses, insatisfeitos com o regime czarista, cada vez mais impopular entre os russos. Com a Primeira Grande Guerra, o país entra em uma crise tão grave que acaba na Revolução Russa. Abandonado pelo exército, sem nenhum apoio, o czar abdica em fevereiro de 1917. Burgueses e socialistas moderados dividem o governo. De volta ao país como líder dos socialistas revolucionários, os bolcheviques, Lênin lidera nova revolução em novembro do mesmo ano, toma o poder e inicia uma série de mudanças no país, que resultam, em 1922, na formação da União Soviética, a primeira nação socialista da história.

E sorrindo e elétrica, entrava no banheiro. Adorava se mergulhar na banheira para pensar.

Ficava lá dentro da água morna. Pensando. Imaginando.

Sonhando.

Sem saber ela pensa exatamente como o grande líder comunista cuja existência e obra só vai conhecer mais tarde – o famoso Lênin[25] – que uma vez disse que era preciso sonhar, sim, mas com a condição de transformar os sonhos em realidade.

Isso é o que a vida inteira Pagu tentará fazer.

E dirá que é preciso sonhar e sonhar, "ainda que o sonho seja um pesadelo."

Aventura descoberta audácia

Era nessas coisas que acreditava. Era isso o que queria para ela.

Tinha a ousadia de jovem, mas não aquela ousadia só ousadia, irresponsável; não aquela ousadia só burra de certos jovens. Tinha a ousadia da *inteligência* jovem, diferente daquela simples ousadia que se tem apenas porque se é jovem.

Logo se forma e recebe o diploma de habilitação para o magistério público do Estado de São Paulo.

– Finalmente! – diz dona Adélia. – Agora, Thiers, nossa filha está pronta para casar.

Sid olha para Pat e as duas sufocam o riso.

Sidéria sabe bem: o que menos importa para Pat é o casamento com papel passado, que os pais pensam ser o único destino de uma filha mulher. Já conversaram várias vezes sobre isso e Pat sempre lhe diz que o que ela quer é apenas viver com o homem que ama até o amor acabar.

– E se o amor dele acabar antes do seu? – ela lhe perguntou uma vez.

– Ah, Sid, você se preocupa com cada coisa! Se isso um dia acontecer, aí eu vejo o que faço. O mais importante, minha irmã caçula, lembre-se disso, é sempre ser fiel a você mesma. Ser coerente com o que pensa. Ou seja: o amor que *você* sente é que é o principal.

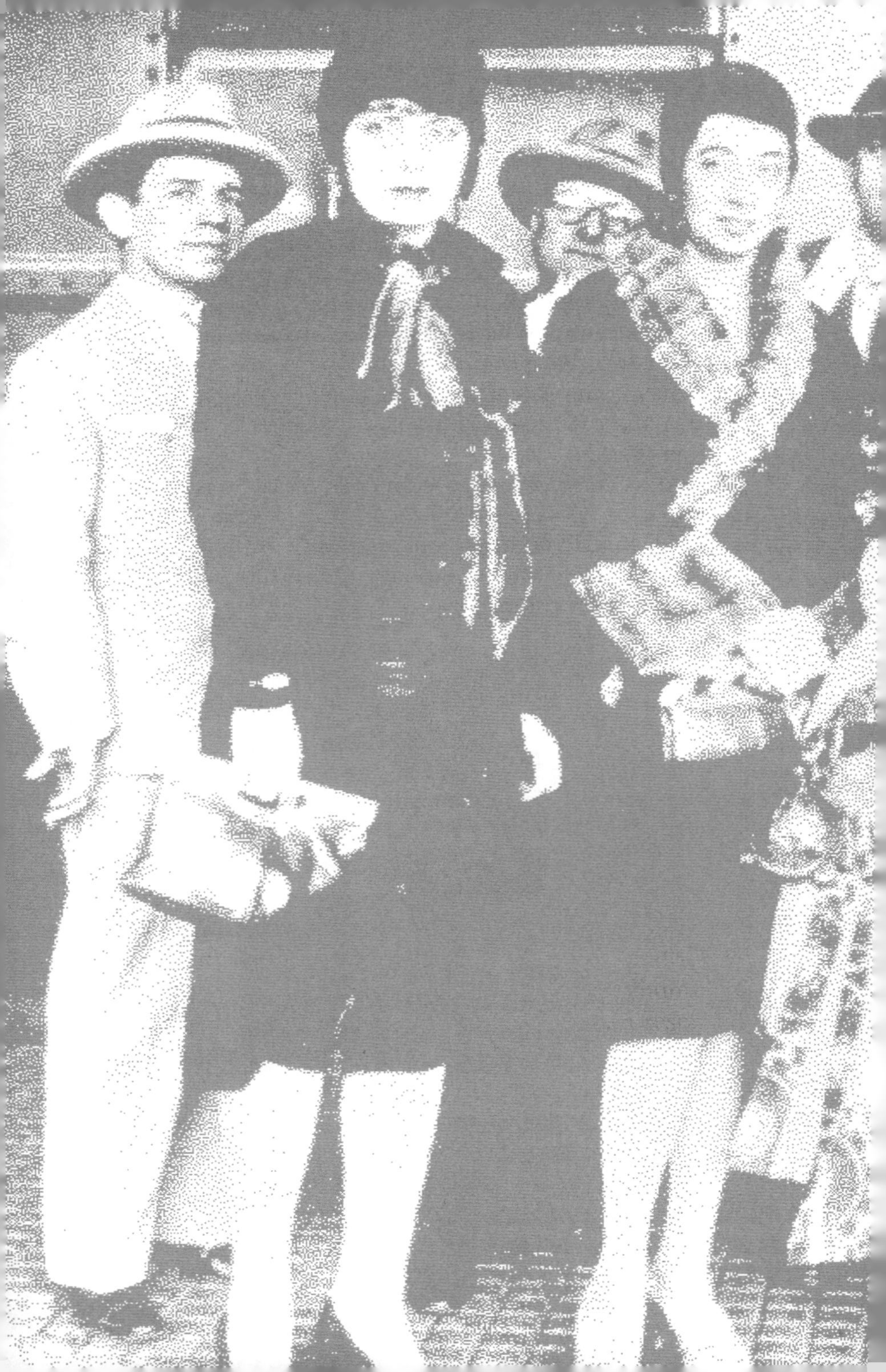

"O anúncio luminoso da Antropofagia": 1929

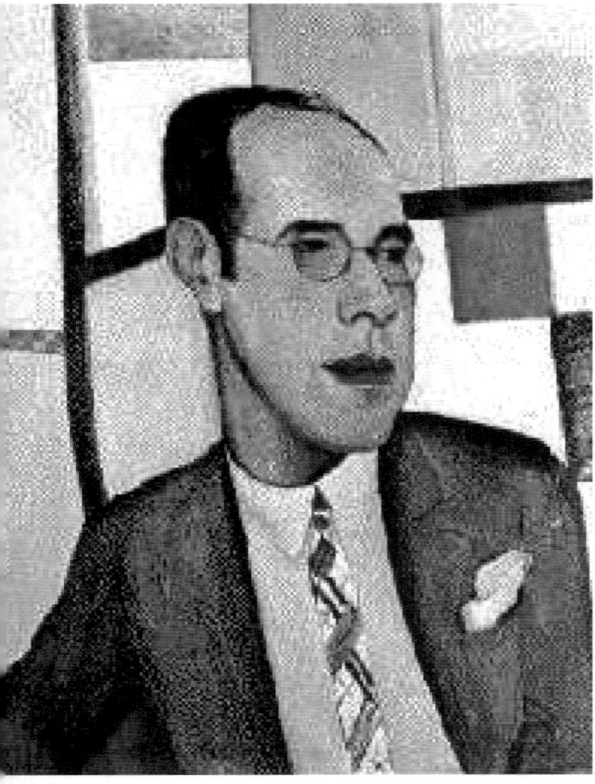

Um ano de crises

1929 é o ano da grande crise econômica [26] que parece pôr o mundo de pernas pro ar. É o ano em que Pagu entra de fato para a vida cultural de São Paulo, participando do movimento da Antropofagia, a ala dissidente do Movimento Modernista, com Oswald de Andrade, Raul Bopp, Oswaldo Costa, Geraldo Ferraz, Fernando Mendes de Almeida. E ela.

Era a ala esquerdista, oposta a Mário de Andrade, Alcântara Machado, Yan de Almeida Prado. Eram contra a acomodação que viam se infiltrando no Modernismo.

Sob a liderança de Oswald é lançada a segunda fase da *Revista da Antropofagia* a segunda dentição, a fase mais revolucionária da revista, veiculada como página especial da edição dominical do jornal *O Diário de São Paulo*.

[26] Crise de 1929

Com o fim da Primeira Guerra Mundial, os Estados Unidos se firmam como a principal potência econômica do mundo. Aumentam a produção industrial e o poder de consumo dos norte-americanos. Os investidores, animados com o crescimento das empresas, fazem empréstimos bancários para comprar ações e revendê-las com lucro, fazendo com que o preço das ações suba vertiginosamente. A produção aumenta tanto que os americanos sozinhos não conseguem dar conta de consumi-la. As empresas começam a reduzir a produção e demitem boa parte de seus funcionários, amedrontando os acionistas, que começam a vender todos os seus papéis na Bolsa de Valores. O resultado foi a quebra da Bolsa de Nova York, em 24 de outubro de 1929, que provocou a falência de 9.096 bancos e 85 mil empresas. Como boa parte dos países capitalistas era financiada pelos Estados Unidos, a crise econômica espalhou-se pelo mundo, até no Brasil, que dependia de empréstimos americanos para manter sua política de incentivo ao café. Oswald de Andrade, que também investia em café, foi um dos muitos brasileiros a terem a situação financeira fortemente abalada pela crise americana de 1929.

[27] Menotti del Picchia, Cassiano Ricardo

Em 1924, Oswald de Andrade publicou o Manifesto Pau-Brasil, que propunha uma literatura baseada na redescoberta da realidade brasileira. Dois anos mais tarde, declarando que o nacionalismo Pau-Brasil era afrancesado, Menotti del Picchia, Cassiano Ricardo, Guilherme de Almeida e Plínio Salgado formam o grupo Verde-Amarelo, que idolatrava a língua tupi e elegeu a anta como símbolo nacional. A facção dos quatro ficou conhecida como Grupo da Anta, e seu nacionalismo ufanista daria origem, no começo dos anos 30, ao Integralismo, movimento político e doutrinário que defendia uma espécie de fascismo à brasileira.

Essa nova fase entra em confronto com o grupo anterior e o caldo entorna entre os antigos amigos como Menotti del Picchia, Guilherme de Almeida, Cassiano Ricardo, Ribeiro Couto.[27]

Mário de Andrade, brigado com Oswald, não o perdoava por "fazer da vida um espetáculo de circo em que ele é o *clown*. Faz as graças e se ri mais do que os outros das próprias graças."

Pagu também ri, sempre ao lado de Oswald.

"Pagu não tem modos/ Tem gênio"

Seu primeiro trabalho – um desenho – é publicado no nº 2 da *Revista de Antropofagia*. Dois outros desenhos são publicados nos números 8 e 11, acompanhado de um pequeno texto poético.

Devido a protestos dos leitores do jornal, essa fase heroica da Revista da Antropofagia durou apenas seis meses.

Mas foi a partir daí que o nome de Pagu começou a aparecer.

Como faz sucesso com seu jeito rebelde e iconoclasta, ela continua com a maquiagem excêntrica, os lábios bem pintados, os olhos inquietos, os escuros cabelos ao vento.

Menotti del Picchia

Pagu e seu gato, desenhados por ela mesma.

Tem uma maneira de ser toda especial, só dela.
Declama, desenha e escreve. E passeia com os antropófagos – é a caçula, a queridinha de todos eles.
É como se vivesse em um eterno palco.
A vida está ali, brilhando.
Pagu já é Pagu
Pagu tem uma gata preta.
Senta-se com sua gata. No chão do quarto, o caderno de desenhos apoiado na prancheta sobre os joelhos.
Começa a escrever seu "Álbum (nascimento, vida e morte)."
Esse Álbum é dedicado a Tarsila do Amaral, então sua heroína. São poemas e desenhos, que inovam a linguagem poética, unindo-a à linguagem visual, como diria depois o crítico Augusto de Campos.
Sem dúvida, uma criação original e de grande frescor.
"Os poemas se dependuram nos desenhos e ficam gritando."

²⁸Teatro Municipal

Em 12 de setembro de 1911, foi inaugurado o Teatro Municipal, causando grande estardalhaço, e com a exibição da ópera Hamlet. O projeto, elaborado por Cláudio Rossi e desenhado por Domiziano Rossi, misturava estilos arquitetônicos como o barroco e o clássico. Procurando fazer um teatro nos moldes das melhores casas de espetáculo do mundo, o Escritório Ramos de Azevedo, responsável por sua construção, mandou buscar materiais de diversos cantos do mundo: bronzes artísticos em Berlim, Paris e Milão, mosaicos em Veneza, Nova York e Berlim, mármores em Siena, Verona e Carrara.

"Pagu parece um leão..."

Ela sai cedo de casa, direto para a casa de Tarsila e Oswald.

É o dia de sua estreia no Teatro Municipal,[28] ao lado de vários artistas conhecidos e consagrados. Souza Lima vai tocar, e ainda vai ter Raul Pederneiras, e cantores, e uma porção de coisas. Entre elas, Pagu declamando Raul Bopp.

Tarsila ajuda-a a se aprontar. Empresta-lhe um dos vestidos que trouxe de Paris, com o corpete bem justo em cima e a saia se abrindo embaixo, saia godê. Por cima, uma capa preta, forrada de vermelho, com listas largas de um palmo, vermelhas e pretas, pretas e vermelhas. Um balangandã de prata na cintura.

A maquiagem desta vez é ainda mais especial.

Olhos pintados e pestanas postiças, enormes, com muito rímel.

As duas riem, encantadas e graves. É arte corporal o que pretendem estar fazendo. Proíbem Oswald de entrar no quarto para ver a aprontação.

Deslumbrante, simplesmente deslumbrante. É como ela se sente ao abrir a porta da sala onde está Oswald, e ele sorri.

Sorri para as duas, Pagu e Tarsila. Tarsila e Pagu.

"...Uma arvorezinha de enfeite..."

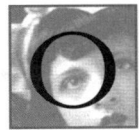

Os três seguem juntos para o Teatro e lá se sentam no camarote reservado. Os estudantes do Centro Acadêmico XI de Agosto[29] da Faculdade de Direito tinham comprado toda a galeria do Teatro.

E é aquela balbúrdia de estudantes, piadas, assobios. Gritam o nome da Pagu – ela já não é mais Patrícia Galvão, nem Patsy, nem Pat.

No programa está seu novo nome, Pagu.

Querem provocar a moça que veem passar todos os dias pela porta da Faculdade. Querem ver qual será a reação dela desta vez. Se dirá seus desaforos de volta.

Mas Pagu fica lá, majestosa, ao lado de Tarsila e Oswald. Serena, silenciosa.

Sidéria e os pais a veem. Eles estão na plateia e de lá veem a filha, irreconhecível. Sid estranha a irmã daquele jeito, e tão distante. Não gosta.

A mãe fala:
– Olha ali, é a Pat!
Sid responde:
– Não é.
– É.
– Não é.
– Por que ela está vestida desse jeito?

[29] **O Centro Acadêmico**
Fundado em 1903, a entidade reúne os estudantes de direito do Largo São Francisco, e é a mais antiga representação estudantil do país.

— Está feia — diz Sid, estranhando aquilo e um tanto enciumada.
— Feia, não. Como Pat vai estar feia, menina? — diz a mãe.
— Exagerada, sim, mas é essa coisa de artista, eles são todos assim. Eu não gosto, por mim ela não estaria aí, mas feia, não. Feia ela nunca vai estar.

O pai não fala nada. É todo expectativa.

O último número é o dela.

E ela aparece lá no fundo do palco, com "aquela panca toda, com aquele vestido extraordinário do jeito como ela estava, e muito bonita, no fundo do palco, ficou parada no fundo do palco."

Recita um pedaço do *Cobra Norato* de Raul Bopp, contam uns. Outros contam que o poema que ela recita é "A Balada do Esplanada", de Oswald.

Recita também um poema seu:

"...a minha gata é safada e corriqueira...
arremeda 'picassol'
trepa na trave do galinheiro e preguiçosamente escancara a
boca e as pernas

...a minha gata é vampira...
mimo de um italiano velho e apaixonado, general de brigada ....

o luxo da minha gata é o rabo
ela pensa que é serpente."

Depois, declama o "Coco de Pagu".

No estribilho, corre até o fundo do palco e abre a capa, e o vermelho e preto aparecem, quando diz:

"Eê Pagu, eê Pagu".

O público e os estudantes aplaudem entusiasmados.

No final do espetáculo, o carro em que Pagu sai com Tarsila e Oswald é levado por braços que empurram e quase o levantam. Os estudantes aplaudem de tal forma que vão levando o carro como uma onda no mar de aplausos.

A viagem ao Rio de Janeiro

Uma turma animada da família antropofágica vai junto para o Rio: Anita Malfatti,[30] Tarsila e Oswald, Waldemar Belisário e Pagu. Querem assistir à estreia da primeira exposição individual de Tarsila no Brasil, no Salão do Palace Hotel, um hotel de luxo na Av. Rio Branco. Vão pelo Cruzeiro do Sul, o trem recém-inaugurado.

[30]**Anita Malfatti**

Sua primeira exposição, em 1917, marcou sua carreira para sempre, de forma negativa. Mesmo sem ver quadros como Homem amarelo e Mulher de cabelos verdes, Monteiro Lobato escreveu o artigo *Paranoia ou mistificação*, dizendo que as obras de Anita eram frutos de "escolas rebeldes surgidas cá e lá como furúnculos de cultura excessiva". Anita se desencantou por muito tempo da pintura, mas os amigos acabaram por convencê-la a participar da Semana de Arte Moderna de 1922. No ano seguinte, ganhou uma bolsa de estudos e foi estudar em Paris, onde encontrou Tarsila do Amaral, Brecheret e Di Cavalcanti. Quando voltou ao Brasil, não conseguiu imprimir a mesma força às suas obras.

Os antropófagos em viagem: A partir da esquerda: Pagu, Anita Malfatti, Benjamin Péret, Tarsila do Amaral, Oswald de Andrade, Elsie Houston, Álvaro Moreira, Eugênia Moreira e Maximilien Gauthier.

Todos convidados por Oswald.

A viagem é muito divertida, e Pagu é mimada por todos. Um jornalista famoso, Alvarus (Álvaro Cotrim), publica no jornal *A Manhã* uma crônica onde diz:

"Vi Pagu. Sou mais do que nunca antropófago. Seria capaz de devorar vários bispos sardinhas."

No dia seguinte, sai outra crônica com o retrato de Pagu feito por Di Cavalcanti.

Entrevista com Pagu

Na *Revista Para Todos*, feita por Clovis de Gusmão:
"– Que é que você pensa, Pagu, da Antropofagia?
– Eu não penso: eu gosto.
– Tem algum livro a publicar?
– Tenho: a não publicar: "Os 60 poemas censurados" que dediquei ao Dr. Genolino Amado, diretor da censura cinematográfica. E o "Álbum de Pagu, vida paixão e morte", em mãos de Tarsila, que é quem toma conta dele. As ilustrações dos poemas são também feitas por mim.
– Quais as sua admirações?
– Tarsila, Padre Cícero, Lampião e Oswald. Com Tarsila fico romântica. Dou por ela a última gota do meu sangue. Como artista só admiro a superioridade dela.
– Diga alguns poemas, Pagu.

(Informações: Pagu é a criatura mais bonita do mundo – depois de Tarsila, diz ela. Olhos verdes. Cabelos castanhos. 18 anos. E uma voz que só mesmo gente ouvindo.)"

O último ano da década

1929 é o ano que fecha a década e marca o que se pode chamar de fim do Modernismo, como era conhecido. A crise econômica chega com toda força. Oswald e Tarsila fecham a casa em Paris.

Começa para Oswald o final de sua vida de milionário e o aperto das dificuldades financeiras.

Mas nesse ano ainda acontecem festas esplêndidas, quase como uma despedida não prevista daquele tipo de vida. Além daquela primeira e animada exposição de Tarsila no Rio de Janeiro, Oswald e Tarsila fazem dois grandes bailes no palacete da Barão de Piracicaba.

Um deles é para homenagear a passagem pelo Brasil de Josephine Baker, a diva americana do jazz, e de Le Corbusier, o mais famoso arquiteto da época, em uma feliz coincidência.

O outro é oferecido ao poeta surrealista francês Benjamin Péret e sua mulher, a cantora lírica, Elsie Houston.

Em todos brilha Pagu.

História resumidíssima de uma paixão que marcou São Paulo

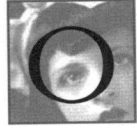

Oswald, o amante da rebeldia, vê naquela mocinha vibrante a personificação do inconformismo que tanto admira. E a beleza dela, ele descreve assim:
"Anárquica e linda
Cabelos de noite escura".

O romance talvez tenha começado um pouco antes de maio de 29, pois é nessa data que os dois iniciam um diário comum, um caderno intitulado "O Romance da Época Anarquista ou Livro das Horas de Pagu que são Minhas 1929-31".

É um caderno bem pessoal. Uma brincadeira que não vai pra frente.

Mais ou menos por essa época, Oswald escreve em um guardanapo, por ocasião de um jantar no Automóvel Club:

"Se o lar de Tarsila
vacila
é pelo angu
de Pagu"

Os dois estão apaixonados, mas Oswald é casado com Tarsila, a quem Pagu também admira e de quem sempre gostou.

Nessa época, Pagu parece estar um pouco atônita com o rumo de sua vida. Um pouco como quem vai se deixando levar.

A verdade é que a situação é insustentável. Inclusive porque seus pais estão cada vez mais preocupados. De caras sempre amarradíssimas. Mal falam com ela.

Oswald e Pagu, sentindo-se pressionados e não sabendo direito o que fazer, acabam tendo uma ideia estapafúrdia: montar um casamento-farsa.

O falso casamento

Waldemar Belisário de Amaral é amigo de Oswald. Admira-o. Deve-lhe favores. É o escolhido para fingir de noivo de Pagu. Vai à casa da noiva, conversa com o advogado Thiers, leva bombons para Sidéria e flores para dona Adélia. É todo um cavalheiro.

Marcam o dia do casamento em setembro. Lua de mel na Europa. Todo mundo feliz.

Tarsila e Oswald são os padrinhos.

Terminado o casamento, a chuva de arroz, aquela coisa toda, o casal pega a estrada de Santos, de onde partiria o navio que levaria os pombinhos à Europa.

No meio da estrada, no entanto, lá está Oswald, parado com seu carro, esperando Pagu.

Acontece, então, um escândalo de alta voltagem entre a intelectualidade paulistana.

Dona Adélia estava de férias com Sidéria em Itanhaém, quando Thiers chega de São Paulo, feito uma fera com a bomba:

– A Pat fugiu com Oswald de Andrade.

Sidéria grita: Não acredito!

Nem ela sabia do romance secretíssimo. A irmã que lhe contava quase tudo, isso não lhe contou.

A família Galvão volta imediatamente de Itanhaém. A mãe, morta de vergonha, não queria ver ninguém de suas relações. Todo mundo infeliz.

O advogado Thiers resolve intervir pra valer e isolar a filha até a realização do novo casamento. Pagu escreve para Oswald:

"Jacaré, meu solteirão...estou em casa desoladíssima... o papai quer seu casamento comigo mas diz que só posso ver o jacaré no dia."

Sidéria é proibida de ver Patrícia, e enviada para a casa da irmã mais velha, pois não podia ter "o contato deletério" com quem jogara o nome da família da lama.

Na outra ponta do drama estava Tarsila, traída pelo marido e a quase filha. Um duro golpe.

A sociedade não perdoa. Nem uma boa parte dos amigos modernistas, todos muito amigos de Tarsila. No famoso salão de Dona Olívia Guedes Penteado, por exemplo, o novo casal jamais vai pôr os pés.

Castigos do amor

Tarsila proíbe a entrada de Oswald no solar em que viviam. Ele escreve em algum lugar: "Oswald errou / Tarsila castigou."

Um clássico drama de triângulo amoroso, com todos os seus detalhes infelizes.

Mas em dezembro desse mesmo ano, Pagu e Oswald conseguem finalmente ficar juntos.

Um interlúdio amoroso: 1930

Na página anterior, Pagu e Oswald em sua foto de casamento improvisada na frente da Igreja da Penha, em São Paulo.

O casamento de Oswald e Pagu

Pagu fica grávida e sofre um aborto. Anos depois, ela conta em uma carta autobiográfica:
"Eu nada sabia dos cuidados que meu estado exigia. Eu ansiava por movimento e naquela tarde me atirei no rio Pinheiros. A correnteza era muito forte. Eu não conseguia alcançar mais a margem. Uma hora de luta contra as águas."

Ela perdeu o filho.

Viveu, outra vez, dias de sofrimento e desespero.

Mas, finalmente, os dois, ela e Oswald, se casam. E o fazem – imaginem onde? – diante do jazigo da família do escritor no cemitério da Consolação. Depois – porque Oswald sempre foi católico – "se retratam frente a uma igreja", a Igreja da Penha.

Oswald escreve:

"Cumpriu-se o milagre. Agora sim, o mundo pode desabar."

Mas o que realmente desabou foi aquele antigo estilo de vida dos modernistas. Os dois, agora, estão relativamente sozinhos, sem as grandes festas, sem as delícias da vida intelectual de homem rico, como era Oswald. Seu jeito esbanjador e a crise de 29 o levaram quase à falência.

Um interlúdio amoroso

Pagu tem 19 anos, está outra vez grávida, e sua vida começa radicalmente a mudar.

Oswald é um "homenzarrão, riso triunfal, boca enorme, exuberante de gestos e de ideias". Veste-se com camisas e gravatas de seda comprados em Paris, roupas espalhafatosas que realçam sua sempre presente barriga.

Oswald, Pagu e Rudá

Muito generoso com as mulheres que amou, apoiava e incentivava-lhes o talento. Queria mulheres brilhantes ao seu lado e fazia tudo por elas. No caso de Pagu, também é isso que acontece.

Pagu o chama de Jacaré e ele a chama de B.B, e lhe dá os ursinhos de pelúcia, que ela adora.

Discussãozinha de namorados

Pagu – Acho patético isso: você e o Guilherme de Almeida, os grandes antropófagos das letras nacionais, os verdadeiros descendentes dos que deglutiram o bispo Sardinha, escreverem suas primeiras obras em francês. Em francês! *Mon Cœur Balance* e *Leur Âme*, uma comédia e um drama! Vocês, escritores brasileiros, pensando e escrevendo em francês! Como você me explica isso, Jacaré??

Oswald – Era elegante, B.B. Era o tempo em que as cabeças brasileiras usavam chapéus franceses. E viviam pelas horas de Paris.

Pagu – Mas o que vocês tinham nas cabeças debaixo dos chapéus?

Oswald – Caviar e champagne??!

Pagu – E ainda assinavam Oswald d'Andrade e Guilherme d'Almeida! Um brinde, então, à antropofágica recuperação dos dois.

Oswald – *Deo gratias.*

Pagu – Passaram do champagne para o guaraná espumante e viraram Modernistas, criaram o movimento de reação contra a cópia das artes estrangeiras, e mudaram a arte brasileira com o Manifesto Pau-Brasil. Viva a capacidade de mudança dos homens!!

Oswald – Amém!

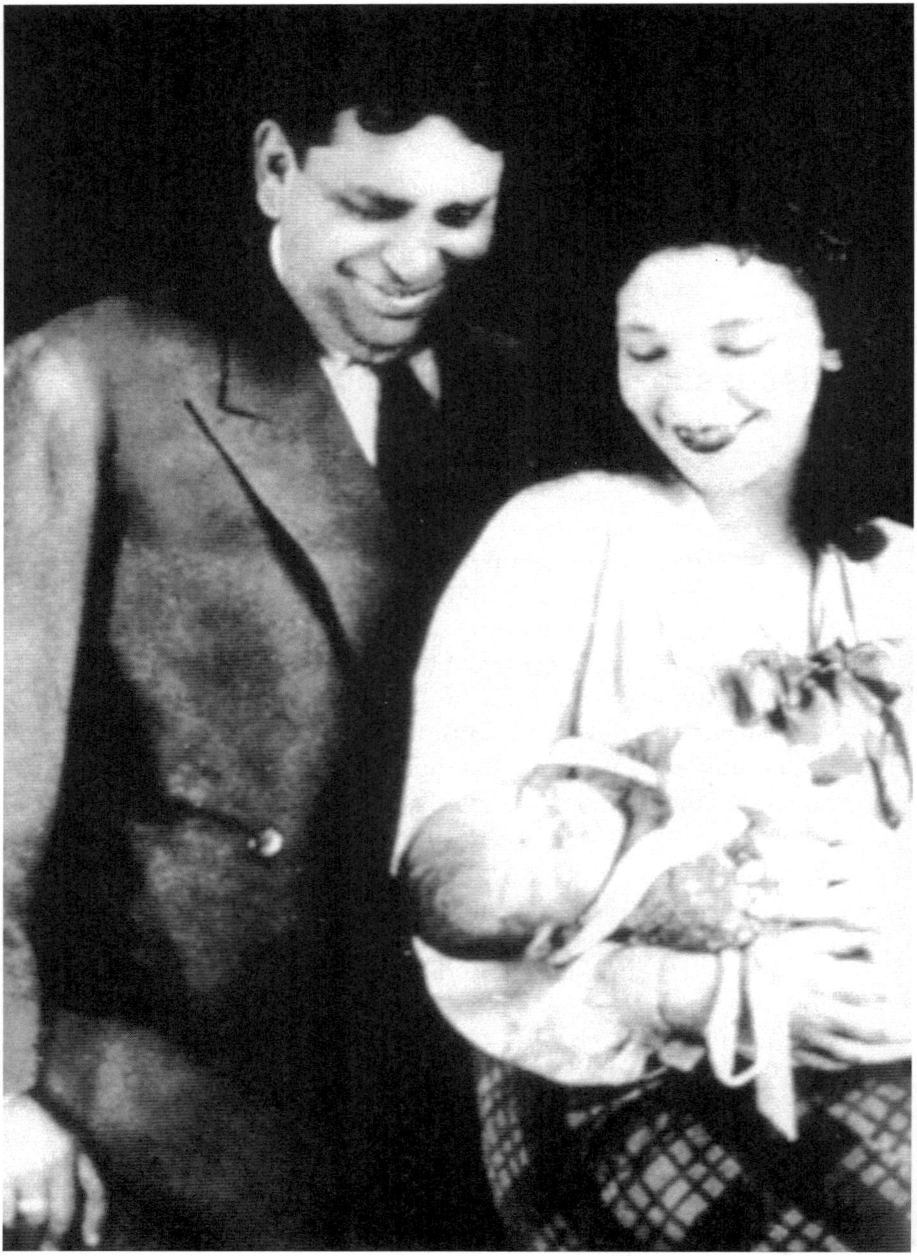

A vida depois dos 20

Filho e política

Ela e Oswald vão morar na rua dos Ingleses e nasce Rudá Poronominare Galvão de Andrade, primeiro filho de Pagu e segundo de Oswald.

Oswald quer que o casamento deles seja livre, sem hipocrisias, sem compromisso. Pagu, no começo leva um choque. Mas decide fingir que compreende. Ela "desejava o amor, mas aceitava tudo." Sorri. Cria uma personalidade aparente para expor aos outros, como se fosse uma vitrine. E passa a lutar para transformar em uma grande amizade e solidariedade a base da vida comum do casal: era a sua saída. Tinha um filho, e a sociedade inteira contra ela. Dispôs-se a lutar contra "os preconceitos da posse exclusiva". Decide, com Oswald, pela "liberdade absoluta" pautando sua vida.

Não era fácil aceitar os casos extraconjugais de Oswald. Mas ela prometera a si mesma que aceitaria, e seguiu em frente. Sofrendo, muitas vezes sentindo-se humilhada, mas de certa forma agradecendo a Oswald a "brutalidade da franqueza". Não era o que queria. Mas era preferível, acreditava, à vida hipócrita de uma mulher enganada.

O casal vive tempos difíceis, escondendo-se da polícia por problemas de credores e de política. O país está agitado,

A vida depois dos 20

[31] **Revolução de 30**
Este movimento militar também ficou conhecido como Revolta Tenentista, porque dele participaram integrantes do baixo escalão do Exército, como tenentes, cabos e soldados. Apesar de ter durado apenas um mês (de 3 de outubro a 3 de novembro), foi um dos principais acontecimentos da República Velha, e mudou a composição de forças que regia a política brasileira da época. Foi o fim da política conhecida como café com leite, em que se revezavam na presidência do Brasil representantes das oligarquias agrícolas, dividindo o poder entre os Estados de São Paulo (grande produtor de café) e Minas Gerais (que detinha a produção de leite). O movimento depôs Washington Luís da presidência e colocou Getúlio Vargas em seu lugar.

e Pagu, ainda de resguardo, participa das agitações de ruas, provocadas pela Revolução de 30.[31]

A opção política

Pagu tem projetos de viagem, estudo e trabalho.

Em dezembro, três meses depois do nascimento de Rudá, viaja para Buenos Aires, com vinte anos, para participar de um festival de poesias, como declamadora.

Deixa o bebê com o pai. Sofre com as saudades e vive a primeira batalha de uma luta dentro de si mesma que travará a vida inteira. É o eterno dilema que a mulher que é mãe enfrenta, em qualquer época: até que ponto abdicar de si mesma e de seus projetos para se dedicar ao filho?

É um drama personalíssimo e cada mulher tem de resolvê-lo a sua maneira.

Felizmente, hoje, é um pouco mais fácil encontrar uma solução equilibrada para isso. A sociedade já reconhece à mulher o direito de se realizar profissional e individualmente. Mas naquela época, os conflitos que a maternidade colocava eram sequer reconhecidos.

A sociedade não via com nenhuma simpatia a decisão tomada por Pagu, naquela primeira vez, e nos anos seguintes.

Em Buenos Aires, ela conhece escritores importantes, como Jorge Luis Borges e Victoria Ocampo. E conhece Luís Carlos Prestes,[32] o líder exilado da Coluna que depois se tornou líder do Partido Comunista.

---

[32]**Luís Carlos Prestes**
Foi responsável pelo ponto alto do movimento tenentista, a Coluna Prestes ou Grande Marcha, que percorreu o Brasil de 1925 a 1927. O objetivo da marcha era angariar aliados para derrubar as oligarquias do país. Em 1931, Prestes aliou-se ao Partido Comunista, e viveu na União Soviética até 1934. De volta ao Brasil, Prestes foi um dos organizadores da Intentona Comunista, que pretendia tirar Getúlio Vargas do poder. A Intentona fracassou, e Prestes foi preso em 1936. Quando saiu da cadeia, em 1945, subiu ao palanque ao lado de Getúlio Vargas. Dois anos depois, quando o Partido Comunista foi cassado, passou a viver na clandestinidade. Voltou à política em 1961, mas, com o golpe militar de 1964, teve de viver como clandestino mais uma vez. Em 1971, exilou-se na União Soviética e só voltou ao Brasil em 1979, quando a ditadura concedeu a anistia aos presos políticos. Morreu em 7 de março de 1990.

³³Marx
Considerado um dos fundadores da Sociologia, Karl Heinrich Marx nasceu em Trier, na Alemanha, em 5 de maio de 1818. Teve participação como intelectual e revolucionário no movimento operário alemão, fato que influenciou toda a sua obra. Marx, ao lado de Friederich Engels, foi o fundador do socialismo científico ou comunismo. Em 21 de fevereiro de 1848, os dois publicaram o Manifesto do partido comunista, propondo a revolução da classe operária para derrubar o capitalismo. Entre as obras mais importantes de Marx, que morreu em 1883, estão O capital, Manuscritos econômico-filosóficos, A miséria da filosofia e A ideologia alemã.

Marx e Engles

³⁴Engels
A obra mais famosa deste filósofo alemão nascido em 28 de novembro de 1820 é o Manifesto do partido comunista, escrito com o amigo Karl Marx. Sozinho, Friederich Engels escreveu diversas obras importantes para o desenvolvimento do marxismo, como A evolução do socialismo: de utopia a ciência, A origem da família, da propriedade privada e do Estado e Ludwig Feuerbach

---

Volta com muitas ideias, cheia de panfletos e livros. Ela e Oswald começam a estudar Marx³³ e Engels.³⁴

Os dois ingressam no Partido Comunista em 1931 e evoluem rápido para a militância política.

Oswald, com seu jeito debochado – pra ninguém levar a sério, embora muitos levem – conta numa entrevista a Marcos Rey,³⁵ que lhe pergunta:

" – Conte como foi que você aderiu ao comunismo?

– Por culpa de Patrícia Galvão. Ela fizera uma viagem a Buenos Aires, onde realizou um recital de poesia. Voltou com panfletos, livros e uma grande novidade:

– "Oswald, tem o comunismo...Conheci um camarada chamado Prestes. Ele é comunista e nós também vamos ficar. Você fica?"

– Fico."

Mas como terá sido de fato?

A rigor, essa entrevista é uma mera *boutade*³⁶ de Oswald que adorava fazer declarações assim para desnortear todo mundo.

Na verdade, mais ou menos por essa época ele também conheceu

Prestes – foi a Montevidéu encontrá-lo e passaram "três dias conversando".

"Desde aí – ele disse, em outra entrevista, – toda a minha vida intelectual se transformou. Encerrei com prazer o Modernismo. Pois aquele homem me apontava um caminho de tarefas mais úteis e mais claras. Desde então, se já era um escritor progressista que tinha como credenciais a parte ativa tomada na renovação da prosa e da poesia no Brasil desde 22, pude ser esse mesmo escritor a serviço de uma causa, a causa do proletariado que Prestes encarnava."

O que deve ser mais certo, portanto, é que Oswald e Pagu se aproximaram do marxismo mais ou menos juntos, possivelmente depois de muitas conversas e discussões entre os dois.

E o que também parece certo é que, no caso de Pagu, o compromisso com a revolução proletária e sua militância foram bem mais fundo. Talvez pelo tipo de formação de cada um – ele, até então um intelectual ricaço, ela, uma jovem de classe média que vivera na Liberdade e no Brás e conhecia de perto as condições de vida dos operários –, talvez pela diferença entre as duas personalidades – ele, mais bonachão e *bon-vivant*, ela, radical e apaixonada em tudo que fazia, – ou talvez pela diferença de idade – ele, já um quarentão e ela, em pleno ímpeto de sua juventude. Ou talvez por tudo isso junto.

e o fim da filosofia alemã. Engels morreu em Londres, no dia 5 de agosto de 1895.

[35] Marcos Rey
Nascido em 1925, foi escritor, jornalista, redator de rádio e TV, publicitário e roteirista, registrou em reportagens, crônicas e romances as mudanças ocorridas em São Paulo desde os anos 50 até sua morte, em 1999.

[36] A boutade
Palavra francesa, refere-se a uma paródia, piada, história que foge da realidade só para criar graça ou confusão, deixando o ouvinte sem saber, mesmo nos momentos mais sérios, se o que se diz é sério ou não.

A vida depois dos 20

    No começo, no entanto, os dois entram por igual na militância política e a vida do casal muda radicalmente: das cócegas do champanhe no céu da boca, do estilo burguês, para o feijão com arroz para encher a barriga, do proletariado.

    As festas dão lugar à vida dura de militância política e clandestinidade. Românticos, radicais, idealistas, eles queriam viver pela Revolução.

    E é o que tentam fazer.

    Fundam o tabloide O HOMEM DO POVO de vida brevíssima – de 27 de março a 13 de abril de 1931 e oito números.

    Nele, Pagu assina a seção "A Mulher do Povo", além de fazer ilustrações, cartuns e uma história em quadrinho com os personagens Malakabeça, Fanikita e Kabeluda.

    Faz a crítica dos costumes e valores das mulheres paulistas e ao feminismo ingênuo da época.

    No jornal, desenha sua autocaricatura com uma boina na cabeça.

Um artigo da coluna "A Mulher do Povo"

"As Normalinhas: As garotas tradicionais que todo o mundo gosta de ver em São Paulo, risonhas, pintadas, de saias de cor e boinas vivas. Essa gente que tem uma probabilidade excepcional de reagir como moças contra a mentalidade decadente, estraga tudo e são as maiores e mais abomináveis burguesas velhas.

Com um entusiasmo de fogo e uma vibração revolucionária poderiam se quisessem, virar o Brasil e botar o Oiapoque perto do Uruguai. Mas Dona Burguesia habita nelas e as transforma em centenas de inimigas da sinceridade (...).

A gente que as vê em um bandinho risonho pensa que estão forjando alguma coisa sensacional, assim como entrarem em grupo na Igreja de São Bento, derrubar altar, padre, estola, sacristia... Nada disso. Ou comentam um tango idiota numa fita imbecil ou deturpam os fatos escandalosos, de uma guria mais sincera, em luta corporal com o controle cristão. Agrupam-se para abandoná-la. A camarada tem de andar sozinha...É uma imoralidade... Ao menos, se fizesse escondido.

É isso mesmo o que elas fazem.

Eu, que sempre tive a reprovação delas todas; eu, que não mentia, com as minhas atitudes, com as minhas palavras, e com a minha convicção; eu que era uma revolucionária constante no meio delas, eu que as aborrecia e as abandonava voluntariamente, enojada da sua hipocrisia, as via muitíssimas vezes protestar com violência contra uma verdade, as via também com o rosto enfiado na bolsa escolar e pernas reconhecíveis e trêmulas subirem a baratas impassíveis para uma *garçonnière* vulgar.

(...)

Amedrontadas com a opinião, azoinando preconceitos e corvejando disparates, se recalcam as formadoras de homens numa senda inteiramente incompatível com nossos dias. E vão estragar com os ensinamentos falsos e moralistas a nova geração que se prepara. É caso de polícia! (....)

Com uma dúzia de palmadas, elas se integrariam no verdadeiro caminho.

***

Acho bom vocês se modificarem pois que no dia da revolução social que virá, vocês servirão de lenha pra fogueira transformadora.

Se vocês, em vez dos livros deturpados que leem, e dos beijos sifilíticos de meninotes desclassificados, voltassem um pouco os olhos para a avalanche revolucionária que se forma em todo o mundo e estudassem, mas estudassem de fato, para compreender o que se passa no momento, poderiam, com uma convicção de verdadeiras proletárias, que não querem ser, passar uma rasteira nas velharias enferrujadas que resistem e ficar na frente de uma mentalidade atual como autênticas pioneiras do tempo novo.

***

"Vocês também não querem que nem os seus coleguinhas de Direito trocar bofetões comigo?"

Pagu

(em "O Homem do Povo", n.8, segunda-feira, 13 de abril de 1931)

Boa de briga

Quatro dias antes – e era a isso que ela se refere ao chamar as normalistas para os tapas, – um grupo de estudante considera um insulto Oswald ter chamado a famosa e prestigiada Faculdade de Direito da cidade de "cancro que mina nosso Estado", e resolveu revidar.

Os estudantes se dirigem à redação do jornal, na Praça da Sé. Encontram Oswald e Pagu e cercando-os, aos gritos, começam a depredar o mobiliário e arquivos do jornal.

Oswald tem 41 anos, é um "intelectual cheio de adiposidades".

Pagu tem 20, é forte e sabe brigar.

O casal reage e descem todos para a rua onde guardas civis os acompanham até a Central de Polícia.

"Houve luta e violenta", noticia o jornal *Folha da Noite*, com fotos e tudo.

No dia seguinte, o segundo round.

A estudantada se reúne outra vez, aos berros, ao redor do prédio da praça da Sé. Pedem o empastelamento do jornal.

"De súbito", conta o jornal *A Gazeta, "apareceu à porta do prédio a companheira de Oswald de Andrade, Patrícia Thiers Galvão, mais conhecida por Pagu. Vinha armada de revólver e com o qual fez dois disparos. A indignação não conheceu limites e os militares, postados à porta, tiveram um grande trabalho para salvar Patrícia Thiers Galvão das mãos dos estudantes. Atrás dela, surgiu o sr. Oswald de Andrade, que entrou a desferir violentos pontapés contra os estudantes.*

Para evitar maiores males, o delegado geral da capital mandou prender o senhor Oswald de Andrade e dona Patrícia Galvão.

Entre duas alas de soldados, caminharam para a Central enquanto ao redor se ouviam gritos de indignação:

— Morra o patife!

— Mandem-no pra Fernando de Noronha!

— Morra o comunismo!

Patrícia Galvão, então, atirou-se aos estudantes, ferindo dois deles com as unhas.

E o delegado geral, de plantão na Central de Polícia, mandou dizer aos estudantes os seguintes:

— Oswald de Andrade e sua companheira iriam ser processados. Ela, por uso abusivo de armas, tentativa de homicídio e ferimentos leves. Ele, por insulto e provocação de distúrbios."

Resultado da luta de classes:[37] duas vítimas das unhas de Pagu e um empastelamento

Na Polícia Central, são medicados dois marmanjos: Domingos Ferreira Guedes, casado, empregado no comércio, e o inspetor de segurança, Carlos Sampaio Marinho.

Ambos apresentam escoriações na testa, rosto e pescoço, feitas pelas unhas muito bem pintadas de Pagu, ao defender a liberdade de imprensa.

Depois de medicar as vítimas, e instaurar o processo contra os suspeitos, o delegado manda avisar aos mui distintos estudantes que O Homem do Povo, "insolente papelucho", tem sua circulação permanentemente proibida.

[37] **A luta de classes**
Segundo Karl Marx, é o conflito provocado pela divisão da sociedade em grupos diferentes, como senhores e servos, ricos e pobres, patrões e empregados, de acordo com a renda e status de cada um, conflito que seria o "motor da história", o responsável pelas mudanças sociais, econômicas e políticas.

A primeira mulher a ser presa no Brasil por motivos políticos

Pagu começa a participar da organização do Socorro Vermelho,[38] nas docas de Santos. Conhece Herculano de Souza, um estivador alto, forte, do Partido Comunista,

[38] **Socorro Vermelho**
Organização comunista que ajudava os militantes clandestinos e os presos, assim como suas famílias.

> **³⁹Sacco e Vanzetti**
> O sapateiro Nicola Sacco e o peixeiro Bartolomeu Vanzetti nasceram na Itália, e emigraram para os Estados Unidos em 1908. Os dois anarquistas foram as figuras principais de um julgamento que gerou grande polêmica no início do século XX. Acusados de matar dois homens, conseguiram fugir, mas foram capturados de novo e condenados à morte. O caso causou protestos no mundo inteiro, inclusive no Brasil, porque as evidências indicavam que os dois tinham sido presos não por ter culpa no crime, mas por suas posições políticas. Mesmo assim, Sacco e Vanzetti foram eletrocutados em Massachusetts, nos EUA, em 22 de agosto de 1927.

a quem admira muito e considera um abnegado lutador.

Em agosto de 1931, organizam um comício no Porto de Santos, em protesto contra o julgamento de Sacco e Vanzetti.³⁹ Herculano é atingido por um tiro nas costas.

Pagu está a seu lado e é quem levanta do chão a cabeça ensanguentada do amigo, que morre em seu colo. É a primeira mulher do país a ser presa por motivos políticos, e levada para o Cárcere 3, " a pior cadeia do continente", na Praça dos Andradas.

O Partido Comunista, que passava por uma fase de grande sectarismo e não via com bons olhos os intelectuais, não a apoia: considera-a uma "agitadora individual, sensacionalista e inexperiente."

Gigante negro

No seu romance *Parque Industrial*, escrito pouco depois, ela dá, em ficção, uma ideia de como foi aquele comício:

Os soldados erguem os uniformes e balançam as espadas sobre cavalos de crise, enferrujados, comidos de carrapato. Alguns se embriagaram com permissão superior e caracoleiam. Têm ordem de pisar e matar o proletariado irredutível. Marcham em pelotão na direção do Largo da Concórdia, pela noite que começa.

...

Um atropelo de recuo. Uma garota trágica desaba em vertigens histéricas. O pelotão divide e cerca lentamente a massa inquieta. Mas os investigadores policiais invisíveis penetram na multidão e se aproximam do gigante negro que incita à luta, do coreto central, a camisa sem mangas. Ao seu lado, um proletário que tem no peito cicatrizes de chibata, detém a bandeira vermelha.

– Soldados! Não atirem sobre os seus irmãos! Voltem as armas contra os oficiais...

Detonaram cinco vezes. Correm e gritam. O gigante cai ao lado da bandeira ereta.

Refúgio na Ilha

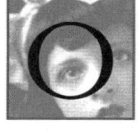

Oswald que herdara terrenos e imóveis na cidade de São Paulo, inclusive boa parte do bairro que é hoje Cerqueira César, quando se casou com Pagu estava em grande dificuldade financeira.

Para evitar a perseguição política e os credores, eles se refugiam na Ilha de Palmas, em Santos, com o filho Rudá.

Para Pagu "foi o tempo mais feliz de minha vida, em que eu tinha fé."

Escreve, nessa época, seu romance *Parque Industrial*, enquanto Oswald termina *Serafim Ponte Grande*.

Parque Industrial, escrito quando Pagu tinha 21 anos, é o primeiro romance a abordar a industrialização em São Paulo e o papel da mulher, com uma visão marxista e feminista. Reflete muito do que Pagu conheceu no Brás e na militância.

Seu estilo é o dos modernistas: rápido, fragmentado, com o texto apresentado em pequenos blocos irregulares. Um estilo que tentava dar conta da velocidade e dispersão do mundo moderno.

A proletarização

Em 1930, a proletarização era a palavra de ordem do Partido Comunista. Proletarizar-se queria dizer abandonar a vida pequeno-burguesa para trabalhar e viver como operário, conhecer de perto seus problemas e sofrimentos e entender na própria carne o que significa de fato a exploração.

Muitos militantes comunistas fizeram isso: abandonaram a vida confortável que tinham para se dedicar completamente à construção de um mundo justo, ao lado da grande massa de trabalhadores urbanos.

Como sempre e em tudo o que faz, Pagu vai fundo, de corpo e alma.

Já meio separada de Oswald, em 1932 ela se muda para o Rio e trabalha como "lanterninha", indicadora de lugares em um cinema da Cinelândia.

Oswald não se sente em condições de abandonar tudo, como Pagu. Fica com Rudá em São Paulo. Ela acredita que o filho ficará melhor com o pai do que exposto às dificuldades de seu dia a dia de trabalhadora. Pior ainda: e se ela for presa?

Ela quer ser coerente com o que acredita, mas a opção pela militância é dela e não do filho. Por mais doloroso que fosse, era o que acreditava necessário fazer. Ninguém pode escapar de si mesmo, e ela é assim: quer ir à raiz das coisas. E como dizia desde jovem: quer doar-se totalmente.

Além disso – tenta consolar a si mesma – Oswald é um pai dedicado; saberá cuidar do filho melhor do que ela.

Escreve no caderno que era o diário dos dois: "Guarde Rudá para mim." Oswald escreve em baixo: "Guarde você pro Rudá." E depois: "Guardemo-nos para a Revolução."

O primeiro romance proletário brasileiro

Mas a militância de Pagu nunca foi um mar de rosas. Sempre houve grandes problemas entre ela e o Partido Comunista. Divergências políticas. Desconfianças quanto à sua dedicação – muitos a consideravam escandalosa, insincera, provocadora.

Nada dava muito certo e as desavenças políticas foram se agravando.

Pagu, com a saúde fragilizada, volta para São Paulo.

Em 1933, finalmente é publicado seu romance *O Parque Industrial*, com o pseudônimo de Mara Lobo – uma exigência do Partido que não queria que, como militante, ela assinasse um livro com o qual não concordavam inteiramente, por seu estilo moderno demais e suas cenas de sexo. A publicação do livro é financiada por Oswald.

"Viver perigosamente como os poetas"

Perseguida no Brasil e desgostosa com os rumos que o Partido Comunista dá à luta política, Pagu decide ir para a Europa em viagem de trabalho e estudos – o que sempre sonhou fazer. Tem 23 anos. É demasiado jovem, demasiado cheia de vida, quer conhecer o mundo para ajudar a transformá-lo. Sente que ainda tem muito o que aprender.

Oswald, com a generosidade de sempre, não só apoia sua viagem como ajuda a custeá-la e fica tomando conta de Rudá. Não fosse isso, não fosse ele, o pai, aceitar ficar com o filho – coisa dificílima de acontecer mesmo hoje, imagine naquela época –, Pagu talvez não tivesse como realizar seus sonhos e projetos.

Na despedida, mais uma vez a dor de se separar do pequeno. Mas a decisão de agora parece mais serena. Tem certeza de que será insuportável para o filho, se ela não levar adiante sua vida e se tornar uma mulher frustrada e amarga, culpando-o por isso.

E é com o pai que ele está. E com o pai está muito melhor do que estaria com ela.

Um ano conhecendo o mundo

Parte em sua grande viagem, enviando correspondência para o *Correio da Manhã* e o *Diário de Notícias*, do Rio, e para o *Diário da Noite de São Paulo*. É quase uma volta ao mundo, essa que ela chama de sua "viagem redonda": Califórnia, Japão, Manchúria, China, Sibéria, Rússia, Polônia, Alemanha, França.

Na Manchúria, assiste a uma cerimônia com o assim chamado último Imperador, Pu Yi.

No magnífico salão do baile imperial, sem saber, quebra a etiqueta ao abrir o baile, dançando com um jornalista americano.

Pu Yi, o jovem imperador, olha a moça simpática e desinibida. Acha graça. Ela bebe champanhe, rouba cigarros e acha Pu Yi "um suco, que olhou de longe pra mim."

Depois fica amiga de madame Takahasi, mulher do diretor da South Manchurian Railway e, graças a essa amizade, frequenta o palácio. Contam que também fica amiga do

⁴⁰Freud

O austríaco Sigmund Freud nasceu em 6 de maio de 1856, formou-se em medicina e, depois de trabalhar em um hospital psiquiátrico, começou a estudar as relações entre os problemas psíquicos e a sexualidade. Foi ele quem criou o termo psicanálise. Entre suas principais obras, estão A Interpretação dos sonhos, O mal-estar na cultura e Totem e tabu. Em 1938, fugindo da perseguição nazista, foi morar em Londres, onde morreu, no dia 23 de setembro do ano seguinte.

Imperador e pedalam juntos no parque amuralhado do palácio.

Naquele momento, Raul Bopp – seu velho amigo – é cônsul em Osaka. Sabendo de suas visitas ao palácio, pede a ela que consiga com o Imperador sementes selecionadas do feijão-soja. Pagu consegue 19 saquinhos de semente que envia ao poeta-cônsul. Ele as encaminha ao embaixador Alencastro Guimarães que, por sua vez, as envia ao ministro da agricultura Fernando Costa. As providências necessárias são tomadas para colocá-las em viveiros de aclimatação, em São Paulo e é, assim, com os saquinhos da soja conseguida por Pagu, que o Brasil começa sua plantação de soja, hoje um dos maiores produtos de exportação da agroindústria. Se isso não é de todo verdade, faz parte das hidtórias que se contam sobre ela.

Contam também que em algum momento dessa longa viagem Pagu conheceu e entrevistou Freud.[40]

Uma cena de filme

Anda por Moscou e de lá vai para França de trem – o lendário trem Transiberiano.⁴¹ Oito dias e oito noites de ferrovia por paisagens deslumbrantes.

Passam pela Alemanha Nazista. Pagu não é uma passageira normal. Como vinha de Moscou, é vigiada como "comunista suspeita" e proibida de descer nas paradas. Dois esbirros da Gestapo se postam à porta de sua cabine.

Ao entrar em Berlim, ela se lembra do seu primeiro porre e do que o tio lhe dizia sobre a cerveja alemã. O trem vai ficar parado ali por algumas horas.

Os dois guardas alemães que a vigiam são muito sérios, e muito jovens.

Pagu não resiste: puxa conversa, oferece-lhes cigarros, pergunta onde estão suas namoradas. Sorri.

Fala da família de origem alemã, da mãe, bravíssima.

Acha que a careta que um deles faz é o começo de um sorriso. Diz que aposta que ele deve ter um sorriso muito bonito, não tem? E continua contando de seu porre de criança, e que tem esse sonho, desde então: provar a inigualável cerveja alemã.

– Não é verdade que é a melhor cerveja que existe?

E assim conversando, sorrindo, flertando com as faíscas calculadas de seus olhos verdes consegue o inimaginável:

⁴¹**Trem Transiberiano**
Resultado do mais longo sistema de ferrovias da Rússia, de grande importância histórica, tanto militar como econômica e imperial. Concebido pelo Tzar Alexander III, a construção da ferrovia começou em 1891 do Oeste (Moscou) e do Leste (Vladivostok) e posteriormente se expandiu para lugares intermediários, com a construção de outras linhas.

[42] **A Gestapo**

Sigla em alemão de "geheime staatspolizei" (polícia secreta do estado), a Gestapo foi criada em 26 de abril de 1933 e garantia o total controle da população pelo regime nazista. A organização investigava e perseguia qualquer um que considerasse uma ameaça ao regime (como os judeus e os comunistas), e funcionava sem tribunal: decidia ela mesma quais as punições que seriam aplicadas aos "suspeitos". Tornou-se célebre pelo terror implacável de seus métodos de prisão, interrogatório e tortura.

[43] **Surrealismo**

O movimento artístico de vanguarda nasceu oficialmente na França, com a publicação do Manifesto Surrealista pelo poeta e psiquiatra francês André Breton, em 1924. Influenciados pelas teorias e técnicas da psicanálise de Freud (como a análise dos sonhos), os surrealistas representavam em suas obras o irracional e o subconsciente. "Surrealismo é o automatismo psíquico pelo qual alguém se propõe a exprimir, seja verbalmente, seja por escrito, seja de qualquer outra maneira, o funcionamento real do pensamento", definiu Breton. Na

os dois a deixam descer do trem para, pelo menos, provar a famosa cerveja.

É uma cena insólita: acompanhada pela Gestapo,[42] ela experimenta o choppe na cervejaria da estação. Mas se desaponta e pergunta a si mesma: "Não terá degenerado? Não parece nem diferente nem melhor que os choppes que conheço."

Para os dois jovens guardas, no entanto, tão louros quanto a cerveja, ela sorri e diz que realmente é inigualável e inesquecível.

Emoção para a vida inteira

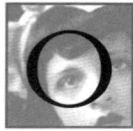

O trem chega a Paris, onde ela fica morando algum tempo. Conhece os surrealistas[43] Breton, Aragon, Paul Eluard, Crevel, Benjamim Péret. Frequenta a Universitè Populaire, com professores como Paul Nizan, Politzer, Marcel Prénant.

Trabalha como tradutora, é redatora do *L'Avant-Garde*, de Paris, e milita no Partido Comunista Francês. Seu nome de guerra é Leonnie.

Participa do *Front Populaire*[44] e, na manhã do 14 de julho, atravessa as ruas de Paris com os manifestantes cantando a Internacional. A população aplaude. É uma bela emoção desfilar assim por aquelas ruas de tanta história e significado. Leonnie/Pagu levará essa lembrança pela vida inteira: Paris, vermelha, sob o céu dourado de uma manhã de julho cantando nas ruas a glória de ter feito a Revolução.

Em um comício na praça, depois, é ferida gravemente, e passa três meses no hospital. Presa, corre o risco de ser deportada para a fronteira da Alemanha ou da Itália.

Mas seus amigos e camaradas informam ao embaixador brasileiro Souza Dantas o absurdo que está prestes a acontecer a uma cidadã brasileira. Souza Dantas já ouvira falar de Pagu, é amigo de Oswald e Tarsila, e intercede por ela, conseguindo, felizmente, repatriá-la para o Brasil.

pintura, destacam-se os espanhóis Juan Miró e Salvador Dali, o belga René Magritte e o alemão Max Ernst. Na escultura, o italiano Alberto Giacometti. No cinema, o espanhol Luis Buñuel, e, na literatura, os franceses Paul Éluard, Louis Aragon e Jacques Prévert.

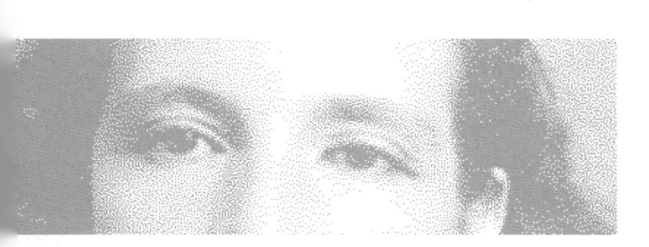

Outra vez, prisão

De volta a São Paulo, Pagu separa-se definitivamente de Oswald. Seus mundos, agora, estão muito diferentes.

44 Front Populaire
Quando o nazi-fascismo virou um movimento de massas em escala mundial, diversas frentes foram criadas para lutar contra ele. A Front Populaire foi criada na França em 1934, reunindo simpatizantes de diversas tendências da esquerda, como comunistas e socialistas, e inspirando a criação de organizações semelhantes em outros países do mundo. Em 1936, a Front Populaire elegeu o primeiro governante de esquerda da França: Leon Blum.

[45] Estado Novo

A instauração desse período de ditadura da história brasileira foi anunciada em cadeia de rádio no dia 10 de novembro de 1937, por Getúlio Vargas. Alegando que existia um plano comunista para tomar o poder, Vargas fechou o Congresso Nacional e impôs uma nova Constituição. A Carta ficou conhecida como "Polaquinha", por ter muita influência da Constituição polonesa, de fortes tendências fascistas. Durante o Estado Novo, instaurou-se a censura e reprimiram-se as atividades políticas. A polícia de Getúlio perseguiu, prendeu e torturou inimigos políticos do presidente. Também foi durante esse período do governo Vargas que o Brasil entrou na Segunda Guerra Mundial.

Pagu volta à militância política e, em 1935, é presa pelo Estado Novo,[45] na Intentona Comunista.[46] O Tribunal Militar do Rio a condena a dois anos de prisão.

Dessa vez, sua irmã, Sidéria, também vai presa. Mas logo é solta.

Pagu, não. Começa a ficar doente. Não come nada. Emagrece. Acaba removida pra o Hospital Cruz Azul, em 37. Geraldo Ferraz, amigo de muito tempo, consegue montar um esquema para ajudá-la a escapar. É retirada de maca, como se fosse uma doente sendo transferida para outro hospital.

Quando Sidéria chega para visitá-la, a enfermeira, cúmplice da fuga, avisa que a irmã acabara de fugir. As duas, então, procuram debaixo dos colchões e nas gavetas, os papéis que Pagu recebia e que escrevia. Rasgam tudo, e Sidéria vai avisar o pai.

O advogado Thiers tinha um escritório no centro da cidade. Sidéria estava a caminho do escritório, quando é presa de novo. É mandada para uma prisão do Rio, e torturada, mesmo com sua cara de menina.

Dura pouco a liberdade

Nem bem um ano depois, Pagu vai presa novamente e condenada a mais dois anos e meio de prisão.

Ao todo, são quatro aos e meio nos presídios políticos do Paraíso e Maria Zélia, em São Paulo, na Casa de Detenção, presídio político do Rio, e na Cadeia Pública de São Paulo – em cárcere comum. E acaba ficando detida alguns meses a mais do que o previsto por sua condenação porque se recusa a prestar homenagem a Adhemar de Barros, o interventor federal em visita à Casa de Detenção.

Ê Pagu!

⁴⁶Intentona Comunista
Em julho de 1935, aproveitando o apoio da sociedade à causa antifascista, Luís Carlos Prestes lançou um manifesto pedindo a renúncia de Getúlio Vargas. Em represália, o governo decretou a ilegalidade da Aliança Nacional Libertadora, partido de Prestes. O militante político ajudou a organizar um levante militar para depor Getúlio. A revolta começou nas cidades de Natal e Recife, em 23 e 24 de novembro, o que apressou a mobilização no Rio de Janeiro, que foi marcada para a madrugada do dia 27. Mas Getúlio contou com o apoio da maioria das Forças Armadas, e o movimento foi sufocado no mesmo dia. Revoltosos e simpatizantes da causa foram perseguidos em todo o país. Alguns chefes do movimento foram torturados e mortos. Prestes ficou na prisão até 1945. Sua mulher, Olga Benário, comunista e judia, foi entregue pela polícia do Estado Novo para a polícia nazista, e morreu num campo de concentração em 1942.

O "Zé da Pagu"

Quando as duas irmãs estavam presas no presídio do Paraíso, resolveram fazer alguma coisa em protesto

Olga Benário

contra os carcereiros e as péssimas condições em que os presos políticos eram mantidos. Decidiram por uma greve de fome.

As bandejas chegavam com a papa horrorosa quase impossível de comer e as duas diziam:

– Não, pode levar de volta.

Para que não influenciassem os outros presos, foram levadas para outra cela, separada e pequena.

De repente, entram três carcereiros mastodontes. Brutamontes, mesmo. E Sidéria, que sempre foi pequenina, *mignon*, naquele momento estava que era uma coisinha de tão magra, pesando uns 40 quilos, se tanto.

E é quando um deles decide, por pura maldade, lhe dar um soco no estômago e ela desaba. Cai desmaiada.

Pagu não tem um minuto de vacilação: avança contra o carcereiro que, tomado de surpresa frente ao inesperado torpedo, fica sem reação. E Sidéria conta que "Pagu deu tanto, mas tanto nele que o carcereiro passou a ser chamado de Zé da Pagu."

Pagu continuava forte e corajosa. Durante algum tempo, chegou a fazer parte do grupo de autodefesa do Partido, que protegia os oradores nos comícios e reuniões.

Essa história, no entanto, tem outra versão. Mais rude, mais cruel.

Conta que um dos carcereiros vivia importunando as duas irmãs que ficavam na mesma cela. Passava e xingava, chamando-as de nomes sem nenhum respeito, dizendo que voltaria à noite para acabar com elas, que comunistas eram a ralé das ralés. As duas nada deixavam sem resposta, que nenhuma tinha papa na língua. Mas as provocações vão subindo de tom e elas, exasperadas, resolveram acabar com aquilo. Então disseram:

– Então, venha, valentão. Vamos ver do que você é capaz.

E de noite, protegido pela escuridão e o silêncio das celas, o carcereiro, dono do pedaço, resolveu entrar e se aproveitar das irmãs. Só não contava com a força de Pagu, que deixou que ele tirasse a calça da farda antes de lhe dar uma tremenda surra. Alguns dizem que quase chegou a castrá-lo.

A vingança do brutamonte foi atroz.

Pagu já havia sido torturada ao chegar. Mas, agora, a tortura foi daquelas medievais. Enfiaram arame incandescente debaixo de suas unhas – e suas mãos nunca se recuperaram de todo – e meteram por sua garganta e vagina buchas de mostarda – buchas de rolo de pano, estopa ou algodão, encharcadas de mostarda, que provocam queimaduras e ardência nas mucosas.

O horror.

O luar da liberdade

Chega o dia em que é solta. Está com 44 quilos. Fragilizada, a saúde precária.

A foto de quando ela sai da prisão é de uma tristeza sem fim.

"O luar! Há duzentos anos não vejo o luar!" – desabafa.

Geraldo Ferraz, crítico de artes plásticas e escritor, seu amigo e apaixonado de vários anos, "fica cuidando dela", como ele disse. Vão morar em Santos.

É abandonada pelo Partido Comunista, que a considera rebelde demais. Incontrolável. Pagu passa por uma grande crise existencial. – e está muito desiludida. Mas não deixa de escrever e de fazer duras críticas aos caminhos que os comunistas estavam trilhando.

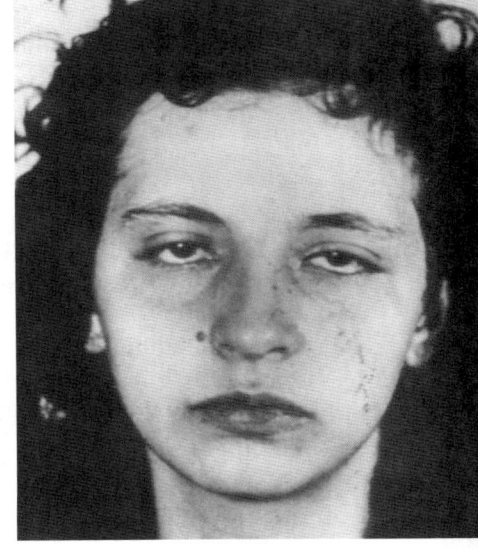

"Agora saio de um túnel, tenho várias cicatrizes, mas ESTOU VIVA" – escreveria depois no panfleto "Verdade e Liberdade".

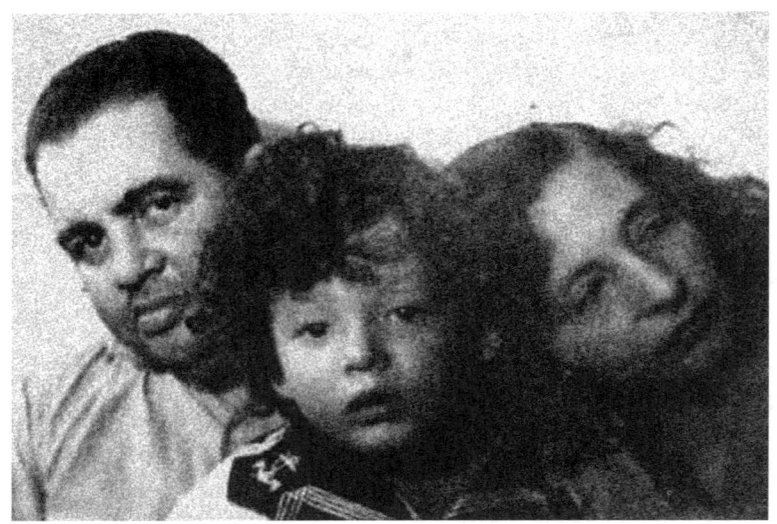

Geraldo e Pagu , com o filho.

A vida continua

Um pouco depois, Pagu fica grávida do segundo filho, Geraldo Galvão Ferraz.
Passam um tempo no Rio, Geraldo e Pagu trabalhando em vários jornais. Escrevem, os dois, um romance a quatro mãos: "A Famosa Revista", cujos protagonistas são intelectuais, artistas, poetas, "almas sensíveis à cata da essência e da forma, românticos tentando permanentemente "realizar-se". No amor, pela integração e a fusão; no ideal político pela sublimação de propósito idêntico", disse Sérgio Milliet, em resenha do livro, na época de seu lançamento. Os autores parecem ter se inspirado na própria vida para criar

esses dois protagonistas.

Pagu passa a integrar a redação do periódico *Vanguarda Socialista*, com vários intelectuais, entre eles, Mário Pedrosa.[47] Continua com suas atividades culturais, participa do Congresso de Poesia, realizado em São Paulo, em 48.

Escreve poemas.

Mas é muito triste ver tanta coisa se perdendo. Tanta coisa em que acreditou tão intensamente. Tantos erros cometidos em nome de ideais tão bonitos.

Tem graves momentos de depressão.

E houve um momento, nessa época, em que ela quis morrer. Tenta o suicídio com um tiro.

"Uma bala ficou para trás, entre gazes de lembranças estraçalhadas", escreve no panfleto, "Verdade e Liberdade", em 1950, quando se candidata pelo PSB à deputada estadual.

Não se elege. Ainda não achara de fato seu novo caminho.

[47]**Mário Pedrosa**
O crítico e historiador de arte nascido em 25 de abril de 1900 estudou na Suíça, no Rio de Janeiro e na Alemanha. A carreira de crítico começou nos anos 30. Mário Pedrosa foi um dos fundadores da Associação Internacional de Críticos de Arte, e escreveu sobre o tema para vários jornais brasileiros, como Diário da Noite, o Correio da Manhã e o Jornal do Brasil. Foi filiado ao Partido Comunista Brasileiro de 1926 a 1929, e esteve exilado do Brasil durante o Estado Novo e nos anos 70, durante o regime militar. Ele também foi um dos fundadores do Partido dos Trabalhadores e morreu em 5 de novembro de 1981. Entre suas principais obras, estão Mundo, homem, arte em crise e Arte, forma e personalidade.

"Voarei outra vez, outro dia."

A Escreve crônicas sem parar. A crônica parece ser sua forma de se colocar no mundo. Escreveu centenas de crônicas, dispersas em várias publicações, sobre os mais variados assuntos, sempre em tom polêmico e apaixonado.

A grande parte de sua produção encontra-se espalhada por jornais com os quais colaborou de 1929 a 1962.

Escreve muito sobre literatura. Coisas assim:

"A literatura... é a única porta de evasão para um mundo erigido de acordo com o nosso desejo... Que seria da vida, sem a poesia?"

Ou:

"A obrigação mais profunda do romancista é descobrir a novidade (originalidade) e não se submeter ao grave crime de repetir as descobertas de seus antecessores."

Vai voltando a ser Pagu

Aos poucos, vai saindo da grande crise e volta a olhar o mundo com sua antiga paixão. Com seu jeito polêmico, vital, carismático.

Funda a Associação dos Jornalistas Profissionais de Santos.

Inicia campanha pela construção do Teatro Municipal de Santos.

Trabalha em vários jornais.

Publica contos policiais na revista *Detetive*, dirigida por Nelson Rodrigues, com o pseudônimo de King Shelter. Esses contos foram descobertos pelo filho Geraldo Galvão Ferraz, anos depois da morte de Pagu. Foram reeditados em 1988, pela editora José Olympio, com o título de *Safra Macabra*.

Entra para a Escola de Arte Dramática.

É grande sua capacidade de recomeçar a vida: volta a estudar, depois de tudo que passou, que sofreu, viveu e conheceu.

Ela, a terrível, a famosa, a assustadora Pagu, uma aluna como outra qualquer, por seu amor ao teatro.

Os professores eram Alfredo Mesquita, Décio de Almeida Prado, Ziembinski.[48] E, entre os colegas, Lygia Fagundes Telles.[49]

Está de novo feliz e apaixonada pelo que faz. Encontrou um novo caminho e, desde então, dedica boa parte de sua atividade e paixão ao teatro amador, participando de vários grupos.

No armário da sala de sua casa em Santos, onde voltou a morar, com o marido e o filho, tem uma coleção de ursos de pelúcia.

"Empurrando os acontecimentos"

Foi a primeira a traduzir para o português autores fundamentais como James Joyce, Antonin Artaud, Sigmund Freud, Octavio Paz, Jorge Luis Borges.

Foi também a primeira tradutora de

[48]**Ziembinski** 
Idolatrado por alguns, odiado por outros, o polonês Zibgniew Ziembinski se dizia "o criador do teatro brasileiro". Chegou aqui fugindo da guerra, em 1941, e já era ator e diretor consagrado na Europa. No Rio de Janeiro, descobriu o grupo Os Comediantes, que reunia atores bem-nascidos que tinham o teatro como passatempo. Transformou-os em atores profissionais e, em 1943, fez uma ousada montagem de Vestido de noiva, de Nelson Rodrigues, utilizando 132 efeitos de luz e 20 refletores, alguns emprestados do jardim do Palácio da Guanabara. Dirigiu 94 peças e morreu em 1978, com 70 anos.

[49]**Lygia Fagundes Telles**
A paulista lançou Porão e sobrado, seu primeiro livro de contos, em 1939, com edição paga pelo pai. Em 1941, começou a estudar direito e foi frequentando as rodas

literárias que se reuniam próximo à faculdade do Largo São Francisco que conheceu Mário e Oswald de Andrade. Em 1950, casou-se com o jurista e deputado estadual Goffredo da Silva Telles Jr. Seu primeiro romance, Ciranda de pedra, foi publicado em 1954 e ganhou duas adaptações para a televisão.

---

[50] **Fernando Arrabal**

O dramaturgo nasceu no Marrocos, escrevia em francês e espanhol, e sempre foi muito influenciado pelos surrealistas. Nos anos 40, em Nova York, participou com Allen Ginsberg do começo da geração beatnik. Criou, em 1962, o Teatro Pânico, que ele mesmo qualificou como "presidido pela confusão, pelo humor, o terror, o azar e euforia." Nas suas peças, predominam cenas de tortura, violência e blasfêmia. Dirigiu sete longa-metragens, escreveu uma dezena de novelas e mais de cem obras de teatro. Entre elas, estão Pique nique no front, Tormentas e delícias da carne e Cemitério de automóveis, que foi montada no Brasil pela primeira vez em 1968, com produção de Ruth Escobar.

A Cantora Careca, de Ionesco, e *Fando e Lis* de Fernando Arrabal,[50] cuja montagem, que também dirigiu em Santos, foi a estreia mundial do jovem que depois se tornaria famoso no mundo todo.

Antenada com o que de mais novo se produzia internacionalmente, conhecia e acompanhava as obras de Maiakóvski, Mallarmé, Valéry, Breton, Beckett, Stravinski, Schöenberg, Jarry, entre muitos outros.

Está outra vez animada e cercada de gente jovem, com quem trabalha no teatro. Estimula e apoia os talentos que reconhece, "empurra-os pra frente."

Entre esses artistas de Santos estão Plínio Marcos, Ney Latorraca, Beth Mendes, Nuno Leal Maia, Sérgio Mamberti, e muitos outros.

Paixão pelo teatro amador de vanguarda

"Os amadores devem fazer mais e melhor do que o teatro profissional, porque eles nada têm a perder.(...) Se os que buscam prêmios querem peças acessíveis e êxitos certo, a vanguarda não faz questão senão de se constituir como tal, isto é, ir à frente do movimento, para assinalar como pioneira o caminho descoberto, a primeira estrada no território desconhecido, a rota no mar não devassado. (...) para a frente e olhando o mais longe, como queria Lima Barreto, é que se caminha, empurrando os acontecimentos."

Pagu escreveu mais de 200 crônicas e artigos sobre o teatro.

"As olheiras da noite"

Fuma muito, veste roupas escuras, é uma mulher que tem suas cicatrizes. Sofrida, mas capaz de rir, beber com os amigos, ainda cheia de entusiasmo pelo teatro, pela mocidade que tanto ama.

"Vivo e é doce, doce e alegre, dir-se-ia que isso paira no ar sozinho" – ela escreveu uma vez.

Nos últimos anos de sua vida, estava em plena atividade.

Mas morreu muito cedo, aos 52 anos, de câncer, no dia 12 de dezembro de 1962. Foi enterrada no cemitério do Saboó, em Santos.

Como despedida

Como um adeus dessa mulher que hoje é símbolo libertário, estas palavras:

"a característica que sempre vale, para todos nós, que também tivemos mocidade literária, da revolta, do protesto, da inquietação, do desejo de construir-se alguma coisa de novo – em suma, mocidade literária. E mocidade que vem com irreverência, com apoio ao NOVO, com barulho de latas, certa de que vai à conquista do mundo e, como dizia o velho Fernando Pessoa, se calhar vai mesmo e conquista mesmo o mundo."

E esta, ainda mais bonita:

"Considere-me um sonho e pronto."

FIM

Como despedida

Obras de Patrícia Galvão:

"PARQUE INDUSTRIAL" – Mara Lobo (Patrícia Galvão), 1933, Ed. Alternativa, São Paulo, edição fac-similar, com apresentação de Geraldo Galvão Ferraz, sem data.

"SAFRA MACABRA - Contos Policiais" – King Shelter (Patrícia Galvão), com introdução de Geraldo Galvão Ferraz – José Olympio Editora, Rio de Janeiro, 1998.

"A FAMOSA REVISTA", Patrícia Galvão Ferraz e Geraldo Ferraz, 1ª. edição, Editora Americ-Edit, Rio de Janeiro, 1945 – reeditado pela Ed. Jose Olympio, Rio de Janeiro, 1959, em conjunto com "Doramundo", de Geraldo Ferraz.

"PAIXÃO PAGU – A Autobiografia Precoce de Patrícia Galvão" – Editora Agir, 2005, Rio de Janeiro.

Centenas de crônicas e artigos dispersos, publicados em vários jornais e revistas no decorrer de sua vida.

Outras obras consultadas:

"PATRÍCIA GALVÃO PAGU VIDA-OBRA", Antologia organizada por Augusto de Campos, Brasiliense, São Paulo, 1982.

"Pagu – Patrícia Galvão - Livre na Imaginação, no Espaço e no Tempo", Lucia M. Teixeira Furlani, com prefácio de

Geraldo Galvão Ferraz, 4ª. edição, Editora UNISANTA (Universidade Santa Cecília), Santos, 1999.

"Os Dentes do Dragão – Entrevista", Oswald de Andrade, Editora Globo, Rio de Janeiro, 1990.

"O Salão e a Selva, uma biografia ilustrada de Oswald de Andrade", de Maria Eugênia Boaventura, Editora Ex-Libris e Editora da Unicamp, São Paulo, 1995.